1.河南省科协2023年度"科普中原"书系·科普创作项目
2.2024年度河南省高校人文社会科学研究一般项目(678)
3.2023年度河南省体育局体育课题(202323)
4.2022年度河南财经政法大学校级研究专题项目

运动营养与健康管理

屈凌波 ◆ 主编

郑州大学出版社

图书在版编目（CIP）数据

运动营养与健康管理／屈凌波主编. — 郑州：郑州大学出版社，2023.10
ISBN 978-7-5645-9789-4

Ⅰ.①运…　Ⅱ.①屈…　Ⅲ.①体育卫生－营养学②运动保健　Ⅳ.①G804.3

中国国家版本馆 CIP 数据核字（2023）第 117018 号

运动营养与健康管理
YUNDONG YINGYANG YU JIANKANG GUANLI

策划编辑	张　霞		封面设计	王　微
责任编辑	张　霞　张馨文		版式设计	王　微
责任校对	吕笑娟		责任监制	李瑞卿

出版发行	郑州大学出版社		地　　址	郑州市大学路 40 号（450052）
出 版 人	孙保营		网　　址	http://www.zzup.cn
经　　销	全国新华书店		发行电话	0371-66966070
印　　刷	河南龙华印务有限公司			
开　　本	787 mm×1 092 mm　1 / 16			
印　　张	11.5		字　　数	202 千字
版　　次	2023 年 10 月第 1 版		印　　次	2023 年 10 月第 1 次印刷

书　　号	ISBN 978-7-5645-9789-4		定　　价	58.00 元

作者名单

主　编　屈凌波

副主编　邵　月　赵子建　刘子韶

　　　　　刘鹏启　刘　宁　马　杰

编　委（按姓氏笔画排序）

　　　　马　杰　郑州大学第一附属医院

　　　　王亚星　河南财经政法大学

　　　　刘　宁　郑州市体育局

　　　　刘子韶　上海理工大学

　　　　刘洪振　郑州大学

　　　　刘鹏启　河南司法警官职业学院

　　　　杨东琳　河南财经政法大学

　　　　邵　月　河南财经政法大学

　　　　屈凌波　郑州大学

　　　　赵子建　郑州大学

　　　　常渊博　河南财经政法大学

前　言

　　《"健康中国 2030"规划纲要》提出"普及健康生活、优化健康服务、完善健康保障、建设健康环境、发展健康产业"等方面的战略任务。党的二十大报告更是将保障人民健康放在优先发展的战略位置，把人民健康置于"民族昌盛和国家强盛的重要标志"地位。要求"坚持预防为主，提高基层防病治病和健康管理能力""有效遏制重大传染性疾病传播""深入开展健康中国行动和爱国卫生运动，倡导文明健康生活方式"。习近平总书记明确提出要"增进民生福祉，提高人民生活品质"，要求"必须在发展中保障和改善民生，鼓励共同奋斗创造美好生活，不断实现人民对美好生活的向往"。健康中国建设关乎民生福祉、关乎国家全局、关乎社会稳定、关乎经济发展，是国家治理理念与国家发展目标的升华。

　　良好的营养学知识和运动实践对于增强人们的健康非常重要，体育锻炼成为人们一种健康和积极的生活方式。许多人养成了规律运动的习惯，运动营养问题也越来越多地被大众所关注。

　　人体运动有其代谢特点，同时也会有其自身的营养需求。如果不了解这些规律和需求，就会出现相应的健康问题。著名营养学家、诺贝尔奖获得者莱纳斯·波林斯断言："合理营养可使人的寿命延长 20 年。"中国有句名言"药补不如食补"，反映营养对于健康的重要意义。合理营养要求人们必须摄取"平衡膳食"，这种平衡膳食符合机体生长发育和生理状况等特点，含有人体所需要的各种营养成分，且含量适当，不缺乏，也不过多，全面满足身体的需要，能维持正常的生理功能，促进生长发育和健康。

　　体育运动是增强人体功能的有效手段，运动与营养相结合可有效促进身体发育，提高健康水平和人体运动能力。探讨科学营养与健身，对于增进人民健康具有较强的现实意义。

编　者

2023 年 2 月

目 录

第一章

运动、代谢与抗氧化

"生命在于运动"已是人们普遍的共识。人体在新陈代谢过程中,吸收营养物质、清除代谢产物以及维持体温等一切生命活动都需要能量。食物营养素中的糖、脂肪和蛋白质在体内氧化分解产热,为人体提供能量。人体必须通过营养途径使机体获得能量保持运动能力,合理的营养可以保持能量的供需平衡,促进身体健康。骨骼肌在全身质量中占比较大,具有较强的代谢能力,对全身代谢具有重要的影响。运动时糖和脂类的相对贡献受运动强度和持续时间、先前膳食和底物的可利用性、训练状态及环境因素的影响。

体力活动除了可以给机体带来一系列益处外,也会产生自由基,与体内化学物质作用损害机体。自由基破坏生物膜,生物分子发生交联、灭活,致使机体生理生化进程紊乱,与机体衰老和肿瘤的发生有关。20 世纪 70 年代中期开始,自由基的生成逐渐被认为是引起运动性疲劳的重要原因之一。耐力训练可以改善机体的抗氧化功能,经常保持规律性的体育锻炼对保持人体抗氧化功能有益。

一、运动与能量

(一)能量物质

生命活动需要能量,食物营养素中的糖、脂肪和蛋白质在体内氧化分解产热,为人体提供能量。

营养学上所用的热能单位以"千卡"表示,相当于 1 kg 水升高 1 ℃(如由 15 ℃升高到 16 ℃)所需要的热量。物质的卡价(calorie value)通常是指 1 g 供能物质氧化分解所释放出来的热量,现在欧美多用"焦尔"为热量单位。它们的换算是:1 kJ = 0.239 kcal;1 kcal = 4.184 kJ(表1-1)。

表1-1 能量物质的基本功能

能量物质	功能
糖 (4 kcal/g)	能量与肌肉燃料(来自淀粉、糖类与糖原)
	胆固醇与脂肪控制(来自膳食纤维)
	帮助消化(来自膳食纤维)
	营养物质与水的吸收(来自糖类)
蛋白质 (4 kcal/g)	能量来源(当糖类减少时)
	提供必需氨基酸(机体需要但无法自行合成的氨基酸)
	新组织生长的必需物质(生长与损伤修复所需的)
	维持现有组织的必需物质(帮助控制正常的损耗)
	合成酶、抗体与激素的基本物质
	体液平衡(帮助控制细胞内外的水平衡)
	血液中的物质载体(把维生素、无机盐与脂肪运进/运出细胞)
脂肪 (9 kcal/g)	运送脂溶性维生素(维生素 A、维生素 D、维生素 E、维生素 K)
	递送必需脂肪酸(机体需要但自身无法合成的脂肪酸)
	能量与肌肉燃料(供低强度活动)
	饱足控制(从进食中获得满足感)
	许多激素的成分

(二)能量消耗

成年人主要在基础代谢、体力活动和食物的生热效应 3 个方面消耗能量。儿童青少年、孕妇、老年人、病后康复群体则还有特殊生理的消耗。

1. 基础代谢

基础代谢是指人体在清醒、静卧、空腹(饭后 10 ~ 12 h)、室温 20 ℃左右、外界安静、心情平静时的热量消耗。这时的能量消耗仅仅被用于维持体温、保持呼吸、维持循环排泄和腺体分泌等基本的生理功能。基础代谢受体格大小、性别、年龄、身体成分、营养状况、疾病、内分泌、气温、运动和气候条件等许多因素影响。一般情况下,成年男子基础代谢是 40 kcal/(m^2 · h)。

与男性相比,女性的基础代谢约低 5%;老年人比成年人低 10%~15%;寒冷气候下比热气候下高 10%~15%。正常情况下,基础代谢可有 10%~15% 的波动(表1-2)。

表1-2 人体基础代谢率　　　　单位:kcal/(m²·h)

性别	年龄(岁)									
	7	9	11	13	15	17	19	20	25	30
男	47.3	45.2	43.0	42.3	41.8	40.8	39.2	38.6	37.5	36.8
女	45.4	42.8	42.0	40.3	37.9	36.3	35.5	35.3	35.2	35.1
性别	年龄(岁)									
	35	40	45	50	55	60	65	70	75	80
男	36.5	36.3	36.2	35.8	35.4	34.9	34.4	33.8	33.2	33.0
女	35.0	34.9	34.5	33.9	33.3	32.7	32.2	31.7	31.3	30.9

2. 体力活动

体力活动(包括各种生活工作的活动以及体育运动)增加人体热能消耗,其多少取决于运动强度、运动时间、动作的熟练程度等(表1-3、表1-4)。

表1-3 不同劳动强度的热能需要　　　　单位:kcal/(kg·d)

活动类别	需要热能
极轻体力劳动	35~40
轻度体力劳动	40~45
中度体力劳动	45~50
重体力劳动	50~60
极重体力劳动	60~70

表 1-4   建议中国成人体力活动水平分级

体力活动强度	时间分配	活动内容	活动水平	
			男	女
重	40%时间坐或站立;60%时间特殊职业活动	舞蹈,采矿,非机械化农重劳动,装卸,体育活动,炼钢等	2.10	1.82
中	25%时间坐或站立;75%时间特殊职业活动	车床操作,机动车驾驶,电工安装,学生日常活动,金工切割等	1.78	1.64
轻	75%时间坐或站立;25%时间站着活动	售货员,办公室工作,酒店服务,修理电器钟表,讲课,化学实验操作等	1.55	1.56

3. 食物的生热效应

人体进食后,食物中的蛋白质、脂肪和糖三种能量物质在消化、转运、代谢和储存过程中也需要消耗能量,这种现象被称作食物的生热效应。不同食物具有不同的生热效应,约占总能耗的10%。

(三)不同体力劳动膳食中热能供给标准

人体必须通过营养途径使机体获得能量保持运动能力,合理的营养可以保持能量的供需平衡,促进身体健康。摄入能量过剩会引起肥胖,易发生糖尿病、高血压、脂肪肝、冠心病、痛风、胆石症等疾病。摄入能量不足则会引起营养不良,导致抵抗力下降,易感染疾病等。

根据我国人民膳食习惯,在一般人膳食中,热源物质的分配按总能量计(表1-5),以蛋白质占10%~15%,脂肪占20%~25%,碳水化合物占60%~70%为宜。

表 1-5　我国居民每日膳食中热能供给量　　　　　　单位：kcal

类别	热量	类别		热量
成年男子（体重 65 kg）	极轻体力劳动 2400	少年男子	16~19 岁（体重 54 kg）	3000
	轻体力劳动 2600		13~16 岁（体重 42 kg）	2600
	中等体力劳动 3000	少年女子	16~19 岁（体重 50 kg）	2700
	重体力劳动 3600		13~16 岁（体重 42 kg）	2500
	极重体力劳动 4200	儿童（不分男女）	10~13 岁	2300
成年女子（体重 55 kg）	极轻体力劳动 2200		7~10 岁	2000
	轻体力劳动 2400		5~7 岁	1600
	中等体力劳动 2800		3~5 岁	1400
	重体力劳动 3400		2~3 岁	1200
	孕妇，后 5 个月 +300		1~2 岁	1100
	乳母，1 年之内 +1000		1 岁以下	每千克体重 100

二、运动与代谢

（一）骨骼肌

骨骼肌约占身体质量的 45%，在运动中产生力量驱动关节活动。由于其在全身质量中较大的占比，以及较强的代谢能力，骨骼肌对健康或疾病的全身代谢具有重要的影响。影响肌肉产生力的因素包括总横断面积、纤维类型、活跃的运动单位数量、运动神经元触发的频率、肌肉收缩的长度和速度等。

骨骼肌机械运动需要的化学能由三磷酸腺苷(ATP)水解提供,由于肌肉中 ATP 储量较少(5～6 mmol/kg 湿重),必须激活 ATP 再合成的其他代谢途径来维持肌肉的收缩活动。磷酸肌酸(CP)是高能化合物,大量储存在骨骼肌中(大约 20 mmol/kg),在剧烈运动时能迅速分解,为 ATP 再合成提供能量。此外,腺苷酸激酶可催化二磷酸腺苷(ADP)反应生成 ATP。这些代谢反应形式被称作磷酸原系统。其他还有无氧糖酵解系统,将主要来源于肌糖原的葡萄糖单位降解为乳酸。这两个能量系统在短时间高强度运动时得到最大强度激活。长时间运动时,骨骼肌收缩是有氧系统占主导,主要的氧化底物是碳水化合物和脂类。

(二)运动代谢

在大强度、动力性运动中(如短跑),ATP、CP 的分解及糖原分解为乳酸是主要的能量来源。在静力性运动中,尤其是在 30%～40% 以上的最大随意收缩时,这些底物同样重要,因为增加的肌肉内压力会削弱肌肉血液流动,导致向收缩的骨骼肌运输氧气和底物的减少。尽管糖酵解系统(190～300 mmol/kg)比磷酸原系统(55～95 mmol/kg)合成 ATP 的能力更强,但输出功率比较低,糖酵解系统的输出功率为 4.5 mmol ATP/(kg·s),磷酸原系统的输出功率为 9 mmol ATP/(kg·s)。因此,当 CP 水平伴随最大运动强度下降时,无氧代谢便无法维持,这会导致整个运动中输出功率的下降。在长时间运动中,糖和脂类的氧化代谢为肌肉收缩提供最主要的 ATP。尽管在运动中氨基酸氧化也在一定程度上进行,但糖和脂类是最重要的氧化底物。糖和脂类的相对贡献受运动强度和持续时间、先前膳食和底物的可利用性、训练状态及环境因素的影响。

三、运动营养与抗氧化

(一)自由基生成的原因

自由基是指具有未配对电子的原子、离子或分子等物质。比较常见的自由基有如下几种:氧自由基、羟自由基、氢自由基、活性氧等。

自由基生成的原因繁多,主要为环境污染、病毒感染、电离辐射、组织炎症、吞噬细胞杀菌、药物作用、肿瘤、衰老、运动等。

(二)内源性自由基的生成通路

1. 氧化还原反应中间体自由基

生物体内发生氧化还原反应,其进程中要发生电子转移,如果两个电子分成两步来进行转移,也被称为单价还原,这时常常会产生中间体自由基。呼吸细胞、线粒体、生物体内酶作用过程等,这些都是产生氧自由基的主要部位。机体运动时,氧化代谢大大增强,机体能量代谢增加的同时,其副产物生成也必然大大增加,从而损害运动能力。

2. 非酶反应产生的氧自由基和活性氧

激烈运动时,红细胞氧运输能力增大 10 ~ 20 倍,此时,血红蛋白、铁还原蛋白、儿茶酚胺、还原型细胞色素 C、肌红蛋白、黄素蛋白等与自由基生成关系密切。在此过程中产生的氧自由基和其他活性氧极易损伤红细胞本身,使其脆性增加影响血液氧运输能力。

3. 缺血再灌注损伤

运动时,机体组织细胞不断遭受缺血再灌注过程,易造成缺血再灌注损伤。其发生机制如下。

(1)细胞内 Ca^{2+} 超载

细胞内液中 Ca^{2+} 必须保持低浓度,细胞外液的 Ca^{2+} 大约比细胞内液高 10000 倍。细胞内大部分 Ca^{2+} 贮存在内质网(骨骼肌细胞为肌质网)和线粒体中。缺血引起缺氧使细胞内 H^+ 浓度升高,ATP 消耗增加,通过 Na^+-H^+ 交换,使细胞内 Na^+ 浓度增高,从而激活了细胞膜上的 Na^+-Ca^{2+} 交换系统。如果这时血流恢复(即再灌注),Ca^{2+} 即可通过 Na^+-Ca^{2+} 交换系统大量进入细胞内,同时又由于肌质网摄取 Ca^{2+} 能力下降等因素的影响,细胞内液 Ca^{2+} 浓度迅速升高,形成 Ca^{2+} 超载,主要是线粒体 Ca^{2+} 超载,结果引起大量具有极强生物活性的活性氧增加。

(2)生成氧自由基

在缺血组织中,由于辅酶 Q 脱离了电子传递呼吸链发生自动氧化,导致产生氧自由基。脱离电子传递呼吸链的泛半醌自由基也可从邻近多不饱和脂肪酸分子中夺取氢形成脂质自由基,导致脂质过氧化。另外,缺血组织清除自由基体系减弱可能也会引起自由基增多,导致组织损伤。

（3）一氧化氮的作用

一氧化氮(NO)是精氨酸作为底物在 NO 合酶作用下合成的,NO 合酶分为结构型(cNOS)和诱导型(iNOS)两大类。cNOS 诱导产生的 NO 主要作用于平滑肌细胞使之松弛,是重要的神经递质。特定条件下 NO 与超氧阴离子自由基结合生成羟自由基,也会损害细胞。

4. 氧的一价还原、电子漏和质子漏

一般来说,在线粒体呼吸过程中,极大部分氧分子(O_2)经过细胞色素氧化酶作用还原成水,但是有 1%~2% 的氧分子在电子传递链中途"漏出"少量电子,直接单价还原形成氧自由基。运动性疲劳状态下,骨骼肌线粒体电子漏增多,引起质子漏增加,氧化磷酸化偶联下降,加剧自由基生成。

5. 吞噬细胞激活

细菌和病毒感染等,可以活化补体成分5 与中性粒细胞表面受体结合,激活中性粒细胞。中性粒细胞被激活后,细胞膜上的 NADPH 氧化酶激活,催化分子氧发生单价还原。中性粒细胞还可以产生单线态氧($^1O_2$)。$^1O_2$ 是一种激发状态的分子氧,比氧分子 O_2 活泼得多,是一种亲电子性强的氧化剂,可以损伤细胞或直接获取电子形成 $O_2 \cdot$。

6. 羟自由基生成

研究者认为,一般来说,机体代谢不能直接生成羟自由基,羟自由基可能产生于吞噬细胞呼吸爆发过程。近期研究认为,机体氧自由基生成增多和与超氧化物歧化酶作用等,使过氧化氢生成量增多,在二价铁离子(Fe^{2+})存在时可以生成羟自由基。

（三）脂质过氧化物的生成

脂质过氧化是一个自由基链式反应,可以使脂质分子(LH)脱去一个氢原子,形成脂质自由基(L·)。脂质自由基与 O_2 反应,形成脂质过氧自由基(LOO·),脂质过氧自由基又再攻击其他脂质分子(LH),夺取其氢原子,又生成脂质过氧化物

（LOOH）和脂质自由基（L·）。以上反应重复进行,脂质不断消耗,大量生成脂质过氧化物。

（四）活性氧和脂质过氧化物对机体的作用

运动时机体整体耗氧量可以增加 10 ~ 15 倍,血液载氧量增大可达到 30 倍,工作肌耗氧量增加可达到 100 倍,动静脉氧差增加也可达到 3 倍。运动时有机体在从增强氧化代谢供能获得利益的同时也为之付出了代价,氧的毒性作用是多种病理的原因,比如类风湿关节炎、动脉粥样硬化、衰老、某些类型的肿瘤、糖尿病、肌肉萎缩、视网膜病、缺血再灌注损伤、阿尔茨海默病、帕金森病等。

了解运动诱发的氧毒性,其意义表现在如下几个方面。

（1）更好地将增强体质的运动作为预防和治疗临床疾病的手段。

（2）控制运动时诱发氧毒性作用,避免组织、器官受到损害。

（3）更有效地提高耐力。

（4）更有效地增进健康。

1. 自由基的作用

自由基可使 DNA 碱基缺失、主链断裂、细胞畸变;使蛋白质分子多肽链断裂、蛋白质构象变化、蛋白质交联;使黏多糖解聚引起结缔组织炎症;可调节血管舒张、使纤维细胞增殖。

但是,自由基还具有一些有利作用,比如吞噬细菌、促进前列腺素合成等。低浓度活性氧可以作为生物体内的第二信使传递信号,但通常只在生理浓度下实现有利功能,过多往往有害。

2. 脂质过氧化物的作用

运动时自由基生成增多,脂质过氧化体内各种器官的生物膜,不仅仅影响细胞膜,还影响细胞内的亚细胞结构,致使运动能力降低。磷脂是生物膜的一种重要组成部分,生物膜重要的功能部位是膜脂质双层结构,其中含有大量多不饱和脂肪酸。磷脂脂质过氧化后,离子通道、膜受体、膜蛋白酶的功能改变,膜的通透性升高。含双键的脂肪酸过氧化后生成丙二醛（MDA）,MDA 过氧化能力虽然比羟自由基弱,但寿命长,可扩散至其他部位产生毒性,也可以使其他物质发生过氧化。

　　鱼油中含有丰富的 n-3 系多不饱和脂肪酸,尤其是二十碳五烯酸(EPA)和二十碳六烯酸(DHA),其降血脂作用已被证实,因此摄食深海鱼油已成为许多人健身滋补的食品,但是由于鱼油中含有大量多不饱和脂肪酸,深海鱼油的摄入会增加脂质过氧化,使抗氧化酶超氧化物歧化酶(SOD)、谷胱甘肽过氧化物酶(GSH-Px)活性降低,MDA 浓度升高,对人体的健康有危害。研究者发现在摄入鱼油的同时补充脂溶性维生素 E 这种抗氧化剂,可改善血脂、降低血液 MDA、增高 SOD 和 GSH-Px 的活性。同时服食鱼油和维生素 E,再辅以规律性的有氧运动,可改善血脂、增加机体抗氧化能力。

(五)生物体内自由基的清除和防护机制

　　生物体在含氧丰富的大气层中实现进化,体内存在内源性生理防护系统,防卫活性氧的毒性,环境中也存在多种外源性抗氧化剂。抗氧化剂可以预防活性氧生成,还可接受活性氧的攻击,其代谢产物可以降低活性氧的毒性,或者是增强其靶结构的抵抗力。抗氧化剂可以避免反应性较低的活性氧转变为反应性更强烈的活性氧,有利于修复活性氧引起的损伤,为其他抗氧化剂发挥效能提供有利环境。

　　抗氧化机制主要有两种:抗氧化酶机制、非酶防御机制。

1. 抗氧化酶机制

(1)超氧化物歧化酶

SOD 是生物体内对抗氧自由基最重要的抗氧化酶。SOD 是细胞质酶,也是线粒体酶,作用是将氧自由基歧化。

(2)过氧化氢酶

过氧化氢酶(CAT)能将过氧化氢及时分解为水和氧。

(3)过氧化物酶

生物体内过氧化物酶有好多种,以谷胱甘肽过氧化物酶(GSH-Px)最重要。谷胱甘肽过氧化物酶可以分解过氧化氢,还可以分解有机过氧化物,如脂质过氧化,所以它也是体内重要的抗氧化酶之一。在其进行的反应过程中,还原型谷胱甘肽是必需的还原物质。部分谷胱甘肽分子中含硒,是其活性的必需成分,补充硒对增强机体的抗氧化能力有一定益处。

（4）谷胱甘肽还原酶

谷胱甘肽还原酶（GR）能将 GSSG 再度转变为 2GSH，保持体内 GSH 水平和抗氧化能力。还原型辅酶Ⅱ是谷胱甘肽还原酶的辅酶。

（5）葡萄糖-6-磷酸脱氢酶

葡萄糖-6-磷酸脱氢酶（G-6-PD）是磷酸戊糖通路产生还原型辅酶Ⅱ（NADPH）的关键酶，所以有时也将它作为抗氧化酶之一。

2. 非酶防御机制

（1）谷胱甘肽

谷胱甘肽（GSH）是体内最重要的抗氧化剂之一，是由谷氨酸、半胱氨酸和甘氨酸组成的三肽，可清除氧自由基及衍生物的毒性，存在于大多数植物、微生物及动物细胞内。除了作为 GSH-PX 作用的必需还原物质外，还对其他抗氧化剂（如维生素 E、维生素 C）起重要的还原作用。长时间运动时细胞内 GSH 浓度会降低，而 GSSG 浓度则会升高，因此 GSH/GSSG 比值降低，说明细胞的还原状态在减少。

（2）维生素 C

维生素 C（V_C）以还原型 V_C（ASC）和氧化型 V_C（DHA）两种形式在体内存在，两种形式都具有生物活性，可以清除氧自由基及其衍生物。

（3）维生素 E

维生素 E（V_E）本身极易被氧化，保护机体内多不饱和脂肪酸不被氧化成脂褐素，维持细胞的完整性和正常功能水平，也被用作抗衰老和抗疲劳，在运动时可推迟运动性疲劳的发生。

（4）其他抗氧化剂

一些含硫氨基酸如半胱氨酸、色氨酸可清除氧自由基，β-胡萝卜素对单线态氧有淬灭作用。我国在中草药中发掘有效的抗氧化剂取得了令人瞩目的成果，有报道右旋儿茶、没食子丙酸、当归、五味子、生地、黄连、酸枣仁，特别是黄酮类物质（银杏叶、芦丁等）种类繁多，极具开发价值。

抗氧化剂的使用在体育运动和抗衰老过程中具有良好的应用前景，但是决不能无限制地大剂量乱用。长时期规律性补充抗氧化剂对人体健康和运动能力的作用还需进一步研究和求证。

（六）运动毒性反应的机制

自由基的生成来源主要在氧运输和氧利用过程。氧运输过程中,血红蛋白和肌红蛋白会发生自动氧化,细胞内线粒体有氧呼吸过程中易产生氧自由基。大强度有氧运动最大摄氧量比静息状态增加 10～15 倍,自由基生成速率也随之增快。运动时大量分泌儿茶酚胺也可使自由基增加,其他如缺血后再灌注、细胞氧化还原状态紊乱、底物排空、体温升高、过度训练等都可使自由基大量增加。

（七）运动训练对机体抗氧化系统的影响

耐力训练可以提高机体抗氧化酶活性,增强清除自由基及其衍生物功能。但是,当长时间大运动量有氧运动时,自由基生成率会超过清除率,在机体内堆积对细胞产生毒性,进而引发运动性疲劳。耐力训练可以改善机体的抗氧化功能,经常保持规律性的体育锻炼对保持人体抗氧化功能是相当重要的。

第二章

运动与营养素

维持人体生命活动的物质被称为营养素。人体必需的营养素主要分为七大类：糖类、蛋白质、脂肪、水、维生素、无机盐和膳食纤维。根据需要量和在体内含量的多少，把糖类、脂肪和蛋白质称为宏量营养素，把维生素和无机盐称为微量营养素，水和膳食纤维则属于特定的两类营养素。

一、运动与宏量营养素

(一)运动与糖代谢

1.糖类

糖类物质主要由碳、氢和氧3种元素组成，有"碳水化合物"之称。

目前我国一般人糖供给量以占总热能的50%～70%为宜。糖主要存在于植物性食物中，在粮食和根茎类食物中含量非常丰富。在动物性食物中，乳中含有乳糖，肝脏含有糖原，但是含量都不是太多。其他食物含糖量更少。人体内糖的总量一般不超过500 g，其中肌糖原350～400 g、肝糖原70～100 g、体液糖20 g(其中血糖大约为6 g)。

根据其分子结构，糖类分为单糖、双糖和多糖三大类(表2-1)。

表2-1　不同类型糖的吸收和利用

糖的类型	特点		建议	说明
	优点	不足		
葡萄糖	吸收速度最快,有利于肌糖原的合成	易引起胰岛素效应	剧烈运动前1 h补糖最好采用液态糖	对于避免在运动前30 min～90 min补充葡萄糖预防胰岛素升高的说法,现有不同的观点
果糖	吸收速度低于葡萄糖,且主要为肝脏利用,其合成肝糖原的量约为葡萄糖的3.7倍,胰岛素效应较小,有利于脂肪的动员	使用数量过大时,可引起胃肠道紊乱	使用量不超过35 g/L;最好和葡萄糖联合使用	
低聚糖	甜度小、渗透压低(为葡萄糖的1/4)和吸收快,因此有助于更多的糖进入体内。稳定血糖水平,稳定和保持运动能力		耐力性运动项目需要大量补糖时,可使用低聚糖	
淀粉	淀粉类食物含糖量为70%～80%,释放速度较慢,不易引起血糖或胰岛素的突然增加		淀粉类食物,除含有葡萄糖外,还含有维生素、无机盐和纤维素,因此可在剧烈运动后稍微靠后的饮食中加强	

单糖不能用水解方法再降解成更小分子的糖,可直接被人体吸收利用。单糖易溶于水,葡萄糖、半乳糖和果糖最为常见。血液中的葡萄糖称作血糖,来源于食物或其他复杂的糖类在体内消化,或者肝内糖原分解后释放入血。果糖大量存在于水果和蜂蜜中,它是单糖中甜度最大的糖。半乳糖由乳汁中乳糖分解后形成。

双糖需要分解成单糖以后才能被身体吸收利用。最常见的双糖有蔗糖、麦芽糖和乳糖。蔗糖是一种最普通的食用糖,甜菜、甘蔗、高粱和蜂蜜内蔗糖的含量比较高。天然乳糖仅在乳汁中发现,又称作奶糖。在双糖中乳糖不易溶于水,甜度也最低,在肠道中贮留时间也较长,利于乳酸菌生长,可预防婴幼儿肠道疾病。麦芽糖大量存在于淀粉类食物水解产物中,谷类种子发芽时含量较高。

多糖在自然界中分布最广、最常见,主要有淀粉、糖原和纤维素。多糖属于高分子化合物,由许多单糖分子结合而成,不溶于水,也没有甜味。淀粉广泛存在于大米、小麦、高粱、玉米和豆类种子中,是我国人民最主要的食物来源。纤维素能促进肠胃蠕动,有利于食物消化,主要存在于叶、茎、根、种子和果实的外皮等处。人类无法直接利用纤维素,其主要功能是促进胃肠蠕动消化食物。人体以肌糖原和肝糖原的形式合成和贮存多糖,运动时肌糖原氧化分解为机体提供能量,肝糖原氧化分解释放入血维持血糖浓度。

2. 运动时糖类的营养功能

(1)糖类是细胞的主要燃料,产热快耗氧少,还能无氧分解,对于机体运动具有特殊意义。

(2)糖类参与细胞内结构成分,是糖蛋白、脱氧核糖核酸(DNA)以及神经组织糖脂的重要组成部分。

(3)糖类具有节约利用蛋白质作用。正常生理条件下,蛋白质主要维持和修复组织,满足机体生长发育的需要,很少起供能作用。糖贮量下降时,蛋白质将参与葡萄糖的合成代谢,起着补充糖、提高糖利用的作用。在长时间耐力运动中,体内蛋白质贮存量下降。提高糖的食用和补充,将有助于组织蛋白质数量的保持和恢复,起到节约利用蛋白质的作用。

(4)糖类参与脂肪代谢。如果机体处于异常状况,比如糖尿病、饥饿或者长时间运动,糖贮量下降,脂肪代谢的中间产物酮体堆积。酮体是酸性物质,体液内环境酸性增强会发生酸中毒,影响运动能力。

(5)糖原有保肝解毒作用。

(6)糖是中枢神经的主要燃料,血糖浓度降低影响中枢神经系统功能,可引起低血糖症,甚至休克。

3. 运动能力与糖类补充

运动时,肌肉的摄糖量可提高 20 倍以上。合理补糖,有利于维持运动能力。不同种类糖的功效不同,如葡萄糖、蔗糖较易引起胰岛素反应,果糖的此种反应较小。

(二)运动与脂类代谢

1. 脂类

脂类由碳、氢、氧 3 种元素组成,主要包括脂肪(甘油三酯)和类脂质,类脂质又分为磷脂(脑磷脂、卵磷脂等)与固醇(胆固醇等)。脂类分子与糖分子内原子间的结合方式不同,特别是氢和氧的原子数比值,脂类远远高于糖类。

必需脂肪酸人体不能自行合成,需从外界摄取,主要来源有亚油酸、花生四烯酸等不饱和脂肪酸,对人体非常重要。人体每天需摄取一定量脂类物质(表2-2),但摄入过多可导致高脂血症、动脉粥样硬化等疾病的发生和发展。人体的脂肪需求量并不高,在一般人的膳食中,脂肪的供给量按热量计,可占膳食总热量的20%~25%。儿童、耐力运动员、重体力劳动者脂肪的供热比可为25%~30%,一般成年人为25%左右,不宜超过30%。寒冷环境下脂肪供给量可适当增加。摄入脂肪中不饱和脂肪酸和饱和脂肪酸应有一定比例,以(1.25~1.50):1为宜,单一食用一种油脂不能达到此比例,可食用混合油。

一些食物的脂肪含量为瘦牛肉10.3%,鸡肉2.5%,鱼4%,瘦猪肉28%左右。坚果脂肪含量较高。蘑菇、蛋黄、核桃、大豆,以及动物的脑、心、肝、肾等含有丰富的磷脂。动物的心、肝、肾以及海鱼等水产物,含不饱和脂肪酸较多。

表2-2　脂类的用途

食物中的脂肪		体内的脂肪	
营养素	脂肪提供必需脂肪酸 脂肪是食物中浓缩的能量	能量储存	是人体能量的主要储存形式
能量转运	脂肪携带脂溶性维生素(维生素A、维生素D、维生素E与维生素K),并帮助它们的吸收	肌肉燃料	为肌肉运动提供了大部分能量
原材料	脂肪提供了制造人体必要物质的材料	紧急储备	是一种在疾病与减少进食情况下的紧急能源
味觉	脂肪对食物的味道和香味有作用	缓冲	通过体腔内的脂肪垫来保持内脏器官不受各种冲击力的伤害
食欲	脂肪能刺激人的食欲	绝热	通过皮肤下的脂肪层将人体与过高或过低的温度隔离开
饱腹感	脂肪使人感到吃饱了	细胞膜原材料	形成细胞膜的主要材料,在人体需要时,转变成各种化合物,如激素、胆汁和维生素D
质地	脂肪使食物变得松软		

2. 运动时脂类的营养功能

(1)脂肪的转运和贮存简单,动用迅速,释放能量是等量葡萄糖或蛋白质氧化释放能量的 2 倍多。

(2)体内贮存脂肪组织包裹在心、肝、肾、脾等器官周围起固定和防震作用。即使在长时间处于半饥饿状态,这种防御性脂肪层也不会明显减少。皮下脂肪层在隔热保温、防止过度散热方面也起着重要作用。

(3)必需脂肪酸是线粒体和细胞膜的重要组成成分,参与合成某些激素,促进生长发育,参与胆固醇代谢,防治冠心病。

(4)脂类是脂溶性维生素(维生素 A、维生素 D、维生素 E、维生素 K)的载体,帮助其吸收利用。

(5)食物中的脂类能增加食物的香味,增强食欲,也能够增加人的饱腹感。

3. 运动能力与脂类补充

在氧充足、强度小于最大耗氧量55%时的长时间运动中,脂肪是主要能源。氧不充足时,其代谢中间产物酮体累积,机体酸性增高损害运动能力。高脂膳食增加血液黏性,不利气体交换,减低耐力,所以运动员的饮食中脂肪含量不宜过多。

有氧运动可增高高密度脂蛋白胆固醇,降低甘油三酯和低密度脂蛋白胆固醇,防治动脉硬化和冠心病,有助于减肥和提高运动能力。

(三)运动与蛋白质代谢

1. 蛋白质

蛋白质主要含有碳、氢、氧、氮 4 种元素,有的还含有硫、磷等。蛋白质的基本单位是氨基酸,有 20 多种,分为必需氨基酸和非必需氨基酸。必需氨基酸机体不能或很难自行合成,但又为生长发育所必需;非必需氨基酸在体内可以合成,不一定非要由食物蛋白供给(表 2-3)。

表 2-3 必需氨基酸与非必需氨基酸

必需氨基酸	非必需氨基酸	
异亮氨酸	甘氨酸	脯氨酸
亮氨酸	丙氨酸	羟脯氨酸
赖氨酸	谷氨酸	天门冬氨酸
蛋氨酸	组氨酸*	羟谷氨酸
苯丙氨酸	精氨酸	半胱氨酸
色氨酸	胱氨酸	
苏氨酸	丝氨酸	
缬氨酸	酪氨酸	

注：* 对儿童为必需氨基酸。

在营养学上,蛋白质主要分为 3 类:完全蛋白质、半完全蛋白质、不完全蛋白质。完全蛋白质含必需氨基酸种类齐全比例适当,能维持成人健康,促进儿童生长发育,主要存在于肉类、蛋类、奶类、小麦、豆类和大米等中。半完全蛋白质含必需氨基酸种类比较齐全,可维持生命但不能促进生长发育,如大麦中的麦胶蛋白。不完全蛋白质含必需氨基酸种类不全,不能维持生命和促进生长发育,如动物结缔组织和肉皮中的蛋白质等。

蛋白质在体内的贮存量仅约 1%,而体内每天有约 3% 需要更新。因此,每天必须补充蛋白质,满足机体的氮平衡。但是,蛋白质补充过高过低都不宜,过低导致蛋白质缺乏,过高造成肝脏和肾脏负担。

蛋白质的食物来源分为动物性和植物性 2 大类。动物性蛋白质的必需氨基酸种类齐全,比例合理,因此比一般的植物性蛋白质更容易消化、吸收和利用,营养价值也相对更高。粮谷类食物存在着氨基酸不平衡和某些氨基酸含量过低而限制了此种蛋白质的营养价值。动、植物蛋白混合食用可以提高食物的营养价值(表 2-4)。

表 2-4 常用食品每 100 g 中的蛋白质含量

食物名称	蛋白质含量/g	食物名称	蛋白质含量/g
猪肉	16.0	稻米	8.5
牛肉	20.0	小米	9.7
羊肉	17.0	面粉	10.0
鸡	20.0	大豆	36.0
鲤鱼	18.1	红薯	2.0
鸡蛋	12.0	大白菜	1.1
牛奶	3.0	花生	24.0
豆腐	5.0	核桃	16.0

2. 运动时蛋白质的营养功能

（1）蛋白质是生命的物质基础,是细胞和组织结构的重要部分。蛋白质是内脏器官、肌肉、骨骼、皮肤和红细胞等的主要组成成分,是供给机体生长、更新和修补组织的材料,约占细胞内固体成分的 80% 以上。

（2）运动过程中机体内所有物质代谢都是在酶的作用下完成的,酶是一类具有催化功能的特殊蛋白质。体内激素部分是由氨基酸合成,此外,一些氨基酸还是合成皮肤、头发和眼睛颜色的黑色素的原材料,以及神经递质的原材料。

（3）抗体由氨基酸组成,能够识别自身蛋白质和外源性入侵蛋白质。外源性蛋白质可能是细菌、病毒、毒素或食物中引起过敏的某种成分。机体识别出入侵蛋白质后,会产生专门抑制入侵蛋白质的抗体,这种抗体具有生物特异性,一种抗体只能识别一种特定的入侵蛋白质。

（4）蛋白质具有亲水性,是生物大分子,血浆蛋白能够维持渗透压。

（5）蛋白质可以作为保持血液正常 pH 值的缓冲物质,维持体内酸碱平衡。

（6）糖和脂肪供能不足时,蛋白质参与供能。

3. 运动能力与蛋白质补充

运动时,肌肉收缩、氧运输和氧贮存、各种生理功能调节,都需要蛋白质。蛋白质可为肌肉提供 5% ~ 15% 的能量,但是,供能不是蛋白质的主要功能,仅在长时间大强度运动,糖和脂肪供能不足时发挥作用。

蛋白质供应不足,影响机体运动能力,使运动训练效果大打折扣,还容易导致运动性贫血。若摄入过多,加重肝肾负担,并不能有效促进肌肉肥大和功能提升。

二、运动与微量营养素

(一)运动与维生素

维生素是调节机体物质和能量代谢的一类重要有机化合物。维生素的适量摄入有利于维持机体正常生理功能,提高酶活性,加强物质代谢。摄入不足会引起机体功能下降,过量摄入可能会导致中毒。维生素是一种重要的能量代谢辅助因子,运动时代谢加快加强,及时适量补充能有效改善能量状态并提升神经系统功能。

人体所需的维生素分为水溶性与脂溶性两大类。维生素 B_1、维生素 B_2、维生素 B_6、叶酸、烟酸、泛酸、生物素、维生素 B_{12} 及维生素 C 等属于水溶性维生素。维生素 A、维生素 D、维生素 E、维生素 K 属于脂溶性维生素。

(1)水溶性维生素

水溶性维生素的特点是不在体内储存,当机体内这些维生素充裕时,多余部分便可以通过尿液排出。水溶性维生素参与构成与糖、蛋白质、脂肪代谢有关的多种酶的辅基或辅酶。

水溶性维生素主要包括 B 族维生素和维生素 C(表 2-5)。

B 族维生素对运动的好处主要体现在两个方面:一是协助能量代谢。与能量代谢关系比较密切的 B 族维生素包括维生素 B_1、维生素 B_2、维生素 B_6、烟酸、泛酸、生物素。这些维生素是各种代谢酶的辅酶,对于酶的催化功能有着直接影响。二是维持红细胞的正常生长和功能能力。维生素 B_6、维生素 B_{12} 和叶酸在这方面的作用较为突出。

维生素 C 可以防止肌细胞受损,缓解肌肉酸痛,改善机体的免疫能力,促进机体运动后恢复,并且在一定程度上保护 DNA 免受氧化损伤。

表2-5 水溶性维生素的分布、生理功能、缺乏症和需要量

名称	分布	生理功能	缺乏症	人体需要量及注意事项
维生素 B_1（硫胺素）	谷类、豆类、坚果等,以及用这些原料制成的食品,如馒头、面条;动物心、肝,猪瘦肉及蛋类较多	糖代谢的关键酶,缺乏会造成糖代谢紊乱,葡萄糖无法彻底分解,造成乳酸堆积;抑制乙酰胆碱的分解,刺激肠胃蠕动,增强食欲;重体力劳动的补充剂	脚气病,疲乏、食欲减退、恶心、忧郁、急躁、沮丧、麻木、心电图异常等	男:1.4 mg/d 女:1.3 mg/d 对氧稳定,比较耐热,特别是在酸性条件下极其稳定;但在碱性条件下极易被破坏,故蒸馒头、煮稀饭不宜放碱
维生素 B_2（核黄素）	动物性食物中含量高,其中以肝、肾和心脏为最多;奶类及蛋类含量也不少;植物性食物中,绿叶蔬菜和豆类含量也不少	许多重要辅酶的组成成分,与生长发育紧密相关,参与细胞的正常生长,如缺乏维生素 B_2 损伤不易恢复;参与铁的代谢,在防治缺铁性贫血中有重要作用	可影响机体对铁的利用;肌肉无力,耐力受损,容易疲劳等;口角炎、皮炎等;影响其他维生素的吸收	男:1.4 mg/d 女:1.2 mg/d 以素食为主的健身人群应重视有维生素 B_2 缺乏的可能性,在碱性环境中较易被破坏,如日光照射会破坏牛奶中的维生素 B_2
维生素 B_6（吡哆醇、吡哆醛、吡哆胺）	动物性食物中维生素 B_6 含量较高,植物性食物中含量较低,酵母、麦麸和葵花籽含量最高,大豆、香蕉、动物肝、鱼类、瘦肉和坚果中也比较高,蛋类、燕麦和水果(除香蕉外)、各种蔬菜中的含量较低,干酪、糖、牛奶含量极少	促进氨基酸吸收,调节糖原代谢,参与不饱和脂肪酸转化以及胆固醇的合成和转运,调节神经系统的兴奋性。许多涉及磷酸吡哆醛的反应可使5-羟色胺等神经递质水平升高,由此改变神经的兴奋性;激素调节作用;形成血红蛋白;影响烟酸的形成等	导致贫血;DNA 合成受损,减少体内烟酸的合成,减少1-磷酸葡萄糖的生成量使机体对能量供给的维持力减弱等	18~50岁:1.2 mg/d 50岁以上:1.5 mg/d

续表 2-5

名称	分布	生理功能	缺乏症	人体需要量及注意事项
维生素 PP（烟酸）	广泛存在于各种食物中，但多数含量较少。含量比较多的食物有冬菇、香菇、花生等	辅酶Ⅰ和辅酶Ⅱ的组成成分；在糖类、脂肪和蛋白质的代谢过程中起重要作用，最重要的功用是预防和治疗癞皮病	癞皮病，初期表现为疲劳、乏力、记忆力减弱；皮炎呈对称性，分布在身体暴露和易摩擦的部位等；有急躁、忧虑等表现	$14 \sim 19$ mg/d
泛酸	广泛存在于肉类、蘑菇、鸡蛋、花茎甘蓝和某些酵母中。全谷物也是良好的泛酸来源。蜂王浆和金枪鱼、鳕鱼的鱼子酱含有丰富的泛酸。牛奶的泛酸含量类似于人乳	以辅酶 A 和脂酰基载体蛋白的形式参与人体的多种生化反应，在糖类、脂肪和蛋白质的代谢中起着十分重要的作用	缺乏的可能性比较小。食物单调的人群容易引起泛酸短缺。主要症状有烦躁不安、食欲缺乏、消化不良等	$4 \sim 7$ mg/d
叶酸	存在于所有的绿色蔬菜中。最丰富的食物来源是动物肝，其次为绿叶蔬菜、大豆类食物	红细胞形成过程中DNA 合成的辅酶；核苷酸和氨基酸代谢中的重要物质	贫血；耐力降低；如果是孕妇，可影响胎儿脑发育，出现神经管畸形	成人:400 μg/d 孕妇:600 μg/d 乳母:500 μg/d
维生素 B_{12}（钴胺素）	存在于动物性食物中，如肝、肾、海鱼和虾等；发酵的豆制品，如酱豆腐、臭豆腐、黄酱等	促进生长、维持神经组织正常功能及红细胞生成；以辅酶形式参加各种代谢作用	严重缺乏时可引起恶性贫血；一般性缺乏可表现出周身无力、体重下降、舌炎、背痛等	成人:2.4 μg/d 长时间以素食为主的人群更容易出现维生素 B_{12}缺乏
维生素 H（生物素）	存在于天然食物中，如肉类、奶类、鸡蛋（蛋黄）、酵母及动物肝、肾和蔬菜等	以辅酶形式参加各种代谢作用，对细胞的生长、葡萄糖的代谢平衡等有重要作用	严重缺乏时会出现皮肤病、消瘦、神经过敏等	

续表 2-5

名称	分布	生理功能	缺乏症	人体需要量及注意事项
维生素 C（抗坏血酸）	存在于新鲜水果中,蔬菜中含量较高的有辣椒、菜花、苦瓜、雪里蕻、油菜等;鲜果中酸枣、鲜枣、山楂等的含量均比较高	维持健康的结缔组织,治疗贫血,促进伤口愈合,具有抗氧化剂的作用	坏血症,如牙龈红肿出血、易感染化脓、皮下出血;关节痛、疲倦、烦躁	成人:50～100 mg/d 豆子发芽时维生素 C 大量增加,在蔬菜淡季供应不便时,不妨用豆芽来供应维生素 C。苹果、梨、桃所含维生素 C 仅为柑橘类水果的 1/10,而酸枣、鲜枣等比柑橘类水果高 7～10 倍

（2）脂溶性维生素

脂溶性维生素仅含碳、氢、氧,只溶于脂肪和有机溶剂,不溶于水。大部分储存在脂肪组织,在肠道随脂肪经淋巴系统吸收,由胆汁少量缓慢排出体外。摄入过量时在肝脏等器官蓄积,排泄慢,易中毒。因此,应严格控制脂溶性维生素的摄入量（表2-6）。

表 2-6　脂溶性维生素的分布、生理功能、缺乏症和需要量

名称	分布	生理功能	缺乏症	人体需要量及注意事项
维生素 A（视黄醇）	存在于动物性食物,如动物肝、蛋类、奶类中;在有色蔬菜中,如菠菜、胡萝卜、油菜中含有胡萝卜素,被机体吸收后可转变成维生素 A	维护夜视功能;促进生长发育,如有助于细胞的增殖和生长,有助于骨骼、牙齿、头发的生长;维持健康的上皮组织;增强免疫力,预防皮肤癌的发生	夜盲症,皮肤干燥,骨骼发育受阻,免疫和生殖功能下降	男:800 μg/d 女:700 μg/d 饮食中含有适量脂肪有助于胡萝卜素的吸收。在高温条件下,与氧接触会遭破坏。对紫外线敏感,阳光可破坏维生素 A,如晒干的蔬菜、置于阳光下的鱼肝油,其营养价值都会下降

续表 2-6

名称	分布	生理功能	缺乏症	人体需要量及注意事项
维生素D（抗佝偻病维生素）	存在于动物的脑、肾、肝、皮肤以及牛奶和蛋黄中，鱼肝油中维生素D含量最丰富，植物体内不含微生物D	促进骨与软骨的正常生长，促进牙齿的正常发育，抗疲劳，调节钙磷代谢	佝偻病，骨质疏松，免疫力下降	成人：5 μg/d 老年人：10 μg/d 维生素D在所有维生素中潜在的毒性是最大的。如果长期过量地摄入会引起食欲减弱、恶心和呕吐。每天在户外运动2 h即可预防维生素缺乏症的发生，老年人尤其需要注意
维生素E（生育酚）	在各种食物中，以麦胚和麦胚油的含量最丰富，其次是植物油，如棉籽油、玉米油、花生油、芝麻油等	抗氧化与延缓衰老；影响脂代谢，抗动脉粥样硬化；提高机体免疫能力；保护红细胞的完整性	生殖障碍，肌肉营养不良，神经系统功能异常和循环系统损伤	成人：10 mg/d 人类维生素E缺乏很少见；口服维生素E的量可增加至100～800 mg/d；高强度运动可适量补充维生素E，一般强度不鼓励额外补充维生素E
维生素K（抗出血维生素）	存在于动物性和植物性食物中。存量最丰富的是暗绿叶植物，如萝卜缨、绿茶、莴苣、甘蓝、菠菜；次之是牛油、火腿、蛋类等；微量的是香蕉、苹果汁、玉米等	参与人体内凝血酶原的合成，促进凝血因子Ⅰ转变成纤维蛋白；是呼吸链的组成成分，参与氧化磷酸化过程；增加肌肉组织的弹性	原发性维生素K缺乏情况很少见，如果缺乏会引起出血不止的情况	青少年：50～100 μg/d 成人：70～140 μg/d 人体内维生素K的来源主要有两个途径。一是通过食物途径获得；二是由肠道内细菌合成。并且维生素K对热稳定，加热不能使它破坏，故在一般的加工烹调中损失较少。但是，在碱、酸、氧化剂和光，特别是紫外线的作用下不稳定，容易被破坏而失效

（二）运动与无机盐

人体内所含无机盐总量约占体重的 5%。其中 7 种常量元素钙、磷、钾、钠、氯、硫、镁含量较多，微量元素铁、碘、氟、硒、锌、铜等含量较少。无机盐参与构成机体组织，维持正常代谢，调节生理功能，必须从食物中得到补充，以保持体内的动态平衡。

若未得到满足,体内的代谢和生理功能就会受影响,甚至发生疾病。但摄入过多也对人体有害,因此必须适量。

人体所需的各种无机盐,多数在正常膳食下都能得到满足,但有的容易缺乏,有的微量元素受地质化学状况的影响,还会发生地区性的缺乏。下面将介绍几种较易缺乏或对运动健身人群有特殊意义的无机盐。

1. 钙

(1)钙的供给量与来源

成年人体内的钙99%存在于骨骼与牙齿中,每天大约有700 mg钙与血液进行交换。其余约1%的钙分布于细胞内液、血液和小肠液。

钙是较易缺乏的一种无机盐。谷类中的植酸、过多的脂肪、蔬菜中的草酸易与钙生成不溶性钙盐影响机体吸收与利用,维生素D和蛋白质则可促进钙的吸收利用(表2-7)。

表2-7 食物含钙量排序表 单位:mg/100 g

食物名称	含钙量	食物名称	含钙量
牛乳粉(强化)	1796.8	芥末	656.2
芝麻酱	1170.4	酱油(味精)	588.2
豆腐干(小香)	1019.2	海米	555.2
牛乳粉(婴儿)	998.4	茶叶(铁观音)	416.2
虾皮	991.2	海带	348.0
发菜	875.2	素鸡	319.2
奶酪	799.2	桂林腐乳	302.4
卤豆干	731.2	雪里蕻(腌)	294.4
臭豆干	720.0	黑木耳	247.2
牛乳粉(速溶)	659.2	炼乳	242.4

(2)钙的营养功用

钙能维持心跳节律和神经肌肉的正常兴奋,若缺乏易导致肌肉痉挛。钙能促进骨骼和牙齿的生长发育,若缺乏可导致儿童佝偻病、成年人骨软化、老年人骨质疏松。钙还可以激活凝血酶,参与凝血。

（3）运动能力与钙补充

运动人群会从汗液中丢失大量的钙，及时补充钙有助于保持运动能力。长时间缺钙会导致骨密度降低，运动能有效防止骨骼中的钙流失，增加沉积，从而增强骨密度。减肥人群如果采用控制膳食的方法，可能会造成钙离子摄入不足，在这一时期要额外补充钙。

2. 铁

（1）铁的供给量与来源

铁极易缺乏，尤其是对于运动人群来说。在大米、小麦和大豆等植物性食物中三价铁的吸收率大多不到10%，在瘦肉和肝脏等动物性食物中血色素型铁的吸收率比植物性食物稍高（表2-8）。

肝脏的含铁量和吸收率都是最高的，补充维生素C和蛋白质可促进铁吸收。茶叶中鞣酸与铁结合、膳食中脂肪过多都会妨碍铁的吸收。缺铁时可补充铁强化食物或者铁制剂，但过量可造成体内铁累积，伤害机体。

表2-8　食物含铁量排序表　　　　　　　　　　　　单位：mg/100 g

食物名称	含铁量	食物名称	含铁量	食物名称	含铁量
黑木耳	97.4	绿豆	6.5	大米	2.4
猪肝	25.0	小米	4.7	芹菜	2.0
酱豆腐	12.0	大白菜	4.4	鸡蛋	2.0
猪血	8.7	瘦猪肉	3.0	草莓	1.8
大豆	8.2	枣	3.5	带鱼	1.2
炒花生仁	6.9	菠菜	2.9	苹果	0.6

（2）铁的营养功用

铁不仅仅是血红蛋白的主要原料，也是肌红蛋白、细胞色素酶以及过氧化酶的组成成分，对于组织的呼吸和生物氧化过程非常重要。缺铁性贫血引起乏力、头晕、心悸，严重伤害身体，经常大运动量训练人群可以通过监测血红蛋白含量评定铁营养状况，及时补充铁。

（3）运动能力与铁补充

运动时,铁在机体内的代谢加快,长期大运动量训练可使机体铁储存量明显下降。红细胞的自身更新速度也会加快,肌肉增大、肌肉中含铁酶增加等都会导致机体铁需求量增加。运动出汗也会失去部分铁,加之运动本身会导致铁吸收率降低,这些都增加了人体对铁的需求量。

运动健身人群如果不注意合理科学搭配自己的膳食,如膳食中脂肪比例过高、维生素C含量过低、食物中的血红素铁含量比较低,或者素食等,都会降低膳食铁的吸收率。因此,运动健身人群对铁的需求量比一般不运动的人要高。

3. 锌

（1）锌的供给量与来源

正常成年男子体内的锌含量约为2.5 g,成年女子约为1.5 g,大部分存在于肌肉和骨骼中,血液锌含量不到全身总锌量的0.5%。膳食锌的平均吸收率为25%。吸收进入肠黏膜细胞的锌一部分呈游离状态,可直接进入大循环,再分布于各个组织器官;另一部分保留在肠黏膜细胞内,与金属硫蛋白结合而储存。血浆中的锌是与白蛋白结合存在的。粮食加工后,锌损失较多（表2-9）。

表2-9　含锌量丰富的食物　　单位:mg/100 g

食物名称	含锌量	食物名称	含锌量	食物名称	含锌量
生猪肉（瘦）	3.20	虾	2.70	香蕉	0.17
生猪肉（肥）	0.08	富强粉	0.55	苹果	0.15
生羊肉	3.40	标准粉	0.95	鸡蛋	0.93
生牛肉	3.36	大米	2.10	松花蛋	1.41
广味大肠	2.46	馒头	1.01	咸鸭蛋	1.35
哈尔滨红肠	2.78	胡萝卜	0.29	豆腐	1.03
北京蒜肠	1.80	马铃薯	0.35	豆腐干	1.70
带鱼	0.29	番茄	0.06	腐竹	3.57
鲤鱼	2.50	芹菜	0.42		

（2）锌的营养功用

锌参与多种酶的构成,对于组织呼吸、蛋白质代谢、脂肪代谢、糖代谢、核酸代谢有重要作用。缺锌影响发育、食欲减退、皮肤粗糙,可监测毛发含锌量评定机体锌营养状况。

（3）运动能力与锌补充

运动可以明显影响锌的代谢,可以引起机体锌的重新分布。短时高强度无氧运动可使血清锌升高,长时间有氧运动可使血清锌下降。前者血清锌升高的原因可能是剧烈运动导致肌肉出现损伤,锌从肌肉细胞中溢出入血,或是机体锌需求量增加,将锌通过从血液向需要锌的组织器官转移,使锌出现重新分布。长时间的运动使血清锌含量处于比较低的水平的主要原因可能与运动时的锌代谢速度较快、排汗排尿增多、膳食锌吸收率下降等因素有关。

锌的来源以植物性食物为主时,由于植物性食物中锌吸收率低,应加强锌的供给。长时间大运动量运动应该加强锌补充。但是强化补充锌制剂时应防止过量,否则会对人体有害。

4. 硒

（1）硒的供给量与来源

我国普通人群硒的膳食推荐供给量大致为 7 岁 35 μg/d,11 岁 45 μg/d,14 岁以上为 50 μg/d,哺乳期的妇女可增加到 65 μg/d。运动健身人群比普通人要高一些,一般硒的膳食推荐量为 50～150 μg/d。但无论是普通人还是运动健身人群都不应当超过硒的每日可耐受最大摄入量。可耐受最大摄入量 7 岁是 240 μg/d,11 岁是 300 μg/d,14 岁是 360 μg/d,18 岁以上是 400 μg/d。

食物中硒的含量与食物的产地自然环境中硒的含量有关系,不同区域差别较大。动物性食物为硒的主要来源,特别是内脏和海产品;谷类食物受地理位置的影响比较大;水果、蔬菜中硒含量比较低(表 2-10)。

表 2-10 不同食物中硒的含量 单位:μg/100 g

食物名称	含硒量	食物名称	含硒量	食物名称	含硒量
猪肝	19.21	黑豆	6.79	梨	0.18
羊肝	17.68	芸豆	4.61	苹果	0.12
瘦猪肉	9.50	豆腐干	3.15	大白菜	0.39
瘦牛肉	10.55	豆腐	2.30	韭菜	1.30
瘦羊肉	7.18	鸡蛋	16.55	菠菜	0.97
鸡腿肉	12.40	小麦粉	5.36	油菜	0.79
鲤鱼	15.38	大米	2.23	蘑菇	0.55
带鱼	36.57	牛乳	1.94	黑木耳	3.72
大豆	6.16	酸奶	1.71	炒花生仁	7.10
绿豆	4.28	西瓜	0.08	炒葵花子	2.00

(2)硒的营养功用

硒参与组成人体内重要的抗氧化酶——谷胱甘肽过氧化物酶,保护细胞膜,避免氧化损伤。硒能与铅、镉、汞等重金属结合,肠道不吸收这些与硒结合后的有毒的重金属,排出体外,因而具有解毒作用。

(3)运动能力与硒补充

对于运动时硒离子的变化,人们比较清楚的是硒作为抗氧化因子,在运动机体自由基的产生和清除中发挥积极的作用。硒缺乏可导致运动时和运动后谷胱甘肽过氧化物酶活性升高的程度降低,致使自由基含量升高,对组织的侵害程度加大。运动员血浆谷胱甘肽过氧化物酶活性与血浆硒含量呈正相关。但对于机体在运动过程中硒的代谢、硒的吸收率、转运、调控和排泄的研究较少。

硒缺乏会导致红细胞膜中自由基代谢产物丙二醛增多,表明红细胞流动性的降低与硒缺乏引起的红细胞膜自由基活动加强有关。而缺硒状态下进行急性运动和长期训练,均可降低红细胞膜 Na^+-K^+-ATP 酶的活性和心肌线粒体中心磷脂的含量,心磷脂是细胞色素 C 氧化酶发挥正常功能的必需物质。故缺硒可影响心肌线粒体能量代谢酶的活性和加重生物膜的损伤程度,而补硒可以缓解或减轻这种程度。

5. 其他无机盐

表 2-11 所示为其他无机盐对人体的主要功能及影响。

表2-11　无机盐概要

名称	主要功能	缺乏症状	中毒症状	主要来源
磷	细胞遗传物质的组成部分,形成细胞膜磷脂,参与能量的转换及缓冲液系统	食欲缺乏,骨骼疼痛,肌无力,发育缺陷,婴儿软骨病	磷过量可导致钙流失	所有动物组织
镁	参与骨骼矿物化,蛋白质合成,酶反应,正常的肌肉收缩,神经信号转导及牙齿的维护	虚弱,肌肉痉挛,食欲缺乏,神志不清,胰腺激素分泌受到抑制,严重时会引发惊厥、幻觉、吞咽困难,儿童会停止生长	由于滥用轻泻剂及其他用于老年患者或肾病的药物而带来过量的镁,会引起神志不清、肌肉协调能力丧失,昏迷甚至死亡	坚果,豆科植物,全谷物,暗绿色蔬菜,海产品,巧克力,可可
钠	维持体内细胞正常的液体平衡及酸碱平衡,在神经信号传导中起重要作用	肌肉痉挛,精神、食欲缺乏	高血压	食盐、酱油,经过加工的食物
钾	促使蛋白质合成,体液电解质平衡,细胞完整性的保持,神经信号的传导及肌肉(包括心肌)的收缩	脱水、肌无力、瘫痪及神志不清,甚至死亡	肌无力,呕吐,静脉快速注射时会使心脏停止跳动	所有食物:肉类、奶类、水果、蔬菜、谷类和豆科植物
硫	某些氨基酸的成分,维生素H、硫胺素以及胰岛素的成分,与有毒物质结合形成无毒化物质;形成二硫键,帮助蛋白质形成三维结构	尚未发现缺乏症,可能会首先发生蛋白质缺乏	仅当摄入过量含硫氨基酸时才可能发生,抑制动物生长	含蛋白质的食物
碘	甲状腺素的成分,能帮助调节生长、发育及代谢的速度	甲状腺肿大,呆小病	抑制甲状腺活性	碘盐,海产品,含碘面包,全国大部分地区所生长的植物及用这些植物饲养的动物

续表 2-11

名称	主要功能	缺乏症状	中毒症状	主要来源
氟	帮助骨骼和牙齿的形成,防止牙齿腐蚀	牙齿容易腐蚀	牙齿氟中毒,恶心,呕吐,腹泻,胸痛,瘙痒	氟化的饮用水,茶,海产品
铬	协助胰岛素作用,葡萄糖放能反应需要铬	葡萄糖代谢失常	可能与肌肉退化有关	肉,未经加工的谷类,植物油
铜	帮助合成血红蛋白,几种酶的成分	贫血,伤口愈合缓慢	呕吐,腹泻	肉,饮用水

第三章

运动、膳食平衡与体液平衡

营养与运动关系密切,合理营养为人体健康提供物质基础,运动锻炼与合理营养是维持和促进健康的两个重要条件。合理营养的根本途径则是平衡膳食。改善膳食结构和增加运动量能促进人体增强体质、减少慢性疾病的发生风险。以科学合理的营养为物质基础,以运动锻炼为手段,对锻炼效果有着很大的影响,用锻炼的消耗过程换取锻炼后的超量恢复过程,使能源物质在机体内更多地集聚,各器官系统的功能能力就会得到提高。

体液是人体最重要最大的组成部分,细胞内液为细胞内各种生化反应提供了环境,细胞外液作为溶剂和载体,转运体内各种分子物质。细胞内液或者细胞外液发生变化,会引起体液重新分布,体液内的溶质浓度也会随之改变,对机体细胞和器官功能都会产生影响。体液对调节体温、维持正常的心血管功能、维持血液容量等都非常重要。

一、运动与膳食平衡

(一)健康与体质

世界卫生组织(WHO)提出:"健康是指生理、心理及社会适应3个方面全部良好的一种状况,而不仅仅是指没有生病或者体质健壮"。

WHO 据此制定了健康的 10 条标准,如下。

(1)处世乐观,态度积极,乐于承担责任,事无大小,不挑剔。

(2)充沛的精力,能从容不迫地负担日常生活和繁重的工作而不感到过分紧张和疲劳。

（3）应变能力强，能适应外界环境中的各种变化。

（4）善于休息，睡眠好。

（5）体重适当，身体匀称，站立时头、肩位置协调。

（6）能够抵御一般感冒和传染病。

（7）牙齿清洁，无龋齿，不疼痛，牙龈颜色正常、无出血现象。

（8）眼睛明亮，反应敏捷，眼睑不发炎。

（9）肌肉丰满，皮肤有弹性。

（10）头发有光泽，无头屑。

体质是人体的质量，是在遗传性和获得性的基础上表现出来的人体形态结构、生理功能和心理因素的综合的、相对稳定的特征。体质包括体格、体能和适应能力三部分。增强人民体质，提高健康水平是我国体育与卫生发展的根本目的。对体质和健康的评估，很难做出单一的评价，应该是对机体做多项指标的检查，综合评价机体的健康状况。

（二）影响体质与健康的因素

1. 先天影响因素

遗传决定了生长发育的可能性，是人体体质发展的先天条件，对体质的好坏和健康的程度有重要的影响。染色体还携带许多隐性或显性的疾病，如色盲、聋哑等遗传缺陷。

2. 后天影响因素

后天影响因素主要包括以下4类：环境、生物学因素、生活方式及保健措施。

环境包括自然环境和社会环境。自然环境是指存在于人类周围的物质基础，包括非生物环境（空气、阳光、土地等）和生物环境（植物、动物、微生物等）。一方面，自然环境能够给人们提供各种各样的营养，维持生命活动的进行。另一方面，由于人为或自然因素使环境的构成或状态发生变化，干扰和破坏了生态平衡，对人体健康造成直接、间接或潜在的危害。例如：火山爆发、地震、洪水、干旱、盲目开发、乱砍滥伐、过度放牧、废物（气）排放等因素对人体健康造成一定危害。

　　生物学因素对健康的影响包括两大类:一类是指由病原微生物(称为生物性致病因素)引起的传染病、寄生虫病和感染性疾病。另一类是指某些遗传性和非遗传性的内在缺陷导致人体发育畸形、代谢障碍、内分泌失调和免疫功能异常等。另外,许多疾病和不良健康状况的发生和发展还与心理作用密切相关。

　　生活方式是指人们长期受一定文化、民族、经济、社会、风俗以及规范,特别是家庭影响而形成的一系列生活习惯、生活制度和生活意识,是人们一切生活活动的总称。人的行为和生活方式受多种因素的影响,良好的饮食习惯和科学的生活方式可增进健康,防治疾病。卫生保健设施因素是保证人类健康极为重要的因素。内容包括保健教育、供给符合营养要求的食品、安全用水和基本环境卫生实施、妇幼保健工作、开展预防接种、预防常见疾病和采取适用的治疗方法并提供基本药物。

　　综上所述,体质与健康是通过营养、卫生(包括心理卫生)和运动三大因素的影响来实现的,而生活方式是将这三大因素进行合理安排的综合体现。

(三)饮食习惯与健康

　　合理饮食是健康的基础,不仅可以满足人体每天生理需要所需的营养素,而且有利于自我健康管理和慢性疾病的预防。

　　在社会发展进步和生活条件大为改善的今天,"吃好"还关系儿童的良好生长发育、成年人的健康、老年人的长寿等。全国统计性数据结果显示,我国仍存在特殊人群的营养不良,由膳食不合理造成的肥胖、高血压、2型糖尿病等慢性疾病仍然高发,这些问题无论对个人还是社会,都造成了巨大的健康和经济负担。

　　因此,如何"吃好",不但是自我健康管理的核心内容,更是促进全民健康的基础(表3-1)。

表3-1　与健康有关的营养失调症的体征

缺乏或障碍的营养素	体征	部位
维生素 B_1	心脏肥大,心动过速	心脏
维生素 B_1、烟酸	精神错乱,损失感觉,肌肉无力,位置感丧失,振动感丧失,膝腱与跟腱反射消失,腓肠肌触痛	神经系统
蛋白质	精神性运动的改变	

续表 3-1

缺乏或障碍的营养素	体征	部位
蛋白质	肝大	消化系统
饥饿,营养不良,维生素 D,抗坏血酸	肌肉消耗,颅骨软化,方头,骨骺肿大,前囟未闭,下腿弯曲,膝盖靠紧,串珠肋,肌肉、骨骼出血	肌肉和骨骼
热量过多	脂肪增多	皮下组织
热量不足	脂肪减少	
蛋白质	水肿	
铁	反甲(舟状甲)	指甲
维生素 A,铁,蛋白质	结膜苍白,贫血,比托斑,结膜干燥,角膜干燥,角膜软化	眼
	失去光泽,稀少	头发
	干燥,毛囊角化	
烟酸	烟酸缺乏症,舌色猩红及牛肉红	皮肤、舌
	出血点(瘀点)	
维生素 C	阴囊与会阴皮炎	皮肤
维生素 B_2	舌色紫红	舌
	口角炎、口角结痂,唇炎	唇
	睑缘炎,鼻唇窝溢脂皮炎	面部
碘	甲状腺肿大	腺体
维生素 C	松肿	齿、龈
氟过多	斑釉齿	齿

(四)平衡膳食的定义

按照不同年龄、身体活动和能量需求设计的膳食模式,被称为平衡膳食。平衡膳食模式推荐的食物数量、种类和比例,对于不同年龄阶段、不同能量水平的健康人群,其营养与健康需要都能最大限度地得到满足。

"平衡"主要指的是能量摄入与运动消耗之间的平衡、人体进食的食物与人体对营养素的需求之间的平衡。日常饮食中,要想达到膳食平衡,食物的种类和数量一定要丰富多样,食物的能量和营养素也一定要适宜,要避免过量摄入油、盐和糖。

（五）平衡膳食理念的倡导

目前,我国居民营养不足现象较大缓解,物质越来越丰富,生活条件得到了较大的改善,但是,膳食结构不合理的现象越来越突出,由此导致的营养失衡问题也越来越影响我国居民的身体健康。全国性营养和健康状况调查数据显示,我国居民营养不均衡问题主要包括:谷类食物摄入总量下降、膳食结构不合理、肉类摄入过多、油和盐摄入水平较高、酒和饮料消耗量增加、居民运动不足、肥胖人群迅速增加、慢性疾病多发等,且居民的健康和健身意识不强。鉴于以上问题,倡导平衡膳食的理念具有非常及时的现实意义。

（六）中国居民膳食指南核心推荐

▶推荐一:食物多样,谷类为主

平衡膳食模式是最大限度保障人体营养需要和健康的基础,食物多样是平衡膳食模式的基本原则。每天的膳食应包括谷薯类、蔬菜水果类、畜禽鱼蛋奶类、大豆坚果类等食物。建议平均每天摄入 12 种以上食物,每周 25 种以上。谷类为主是平衡膳食模式的重要特征,每天摄入谷薯类食物 250 ~ 400 g,其中全谷物和杂豆类 50 ~ 150 g,薯类 50 ~ 100 g;膳食中糖类提供的能量应占总能量的 50% 以上。

▶推荐二:吃动平衡,健康体重

体重是评价人体营养和健康状况的重要指标,吃和动是保持健康体重的关键。各个年龄段人群都应该坚持天天运动、维持能量平衡、保持健康体重,体重过低和过高均易增加疾病发生的风险。推荐每周应至少进行 5 d 中等强度身体活动,累计150 min 以上;坚持日常身体活动,平均每天主动走 6000 步;尽量减少久坐时间,每隔1 h 起来动一动,动则有益。

▶推荐三:多吃蔬果、水果、奶类、大豆

蔬菜、水果、奶类、大豆及豆制品是平衡膳食的重要组成部分,坚果是膳食的有益补充。蔬菜和水果是维生素、无机盐、膳食纤维和植物化学物的重要来源,奶类和大豆类富含钙、优质蛋白质和 B 族维生素,对降低慢性疾病的发病风险具有重要作用。提倡餐餐有蔬菜,推荐每天摄入 300 ~ 500 g,深色蔬菜应占 1/2。天天吃水果,推荐每天摄入 200 ~ 350 g 的新鲜水果,果汁不能代替鲜果。吃各种奶制品,摄入量相当于每天液态奶300 g。经常吃豆制品,每天相当于大豆25 g以上,适量吃坚果。

▶推荐四:适量吃鱼、禽、蛋、瘦肉

鱼、禽、蛋和瘦肉可提供人体所需要的优质蛋白质、维生素A、B族维生素等,有些也含有较高的脂肪和胆固醇。动物性食物优选鱼和禽类,鱼和禽类脂肪含量相对较低,鱼类含有较多的不饱和脂肪酸;蛋类各种营养成分齐全;吃畜肉应选择瘦肉,瘦肉脂肪含量较低。过多食用烟熏和腌制肉类可增加肿瘤的发生风险,应当少吃。推荐每周吃鱼280~525 g,畜禽肉280~525 g,蛋类280~350 g,平均每天摄入鱼、禽、蛋和瘦肉总量120~200 g。

▶推荐五:少盐少油,控糖限酒

我国多数居民目前食盐、烹调油和脂肪摄入过多,这是高血压、肥胖和心脑血管疾病等慢性疾病发病率居高不下的重要因素,因此应当培养清淡饮食习惯,成人每天食盐不超过6 g,每天烹调油25~30 g。过多摄入添加糖可增加龋齿和超重发生的风险,推荐每天摄入糖不超过50 g,最好控制在25 g以下。水在生命活动中发挥重要作用,应当足量饮水。建议成年人每天7~8杯(1500~1700 mL)水,提倡饮用白开水和茶水,不喝或少喝含糖饮料。儿童青少年、孕妇、乳母不应饮酒,成人如饮酒,一天饮酒的酒精量应控制为男性不超过25 g,女性不超过15 g。

▶推荐六:杜绝浪费,兴新食尚

勤俭节约,珍惜食物,杜绝浪费是中华民族的美德。按需选购食物、按需备餐,提倡分餐不浪费。选择新鲜卫生的食物和适宜的烹调方式,保障饮食卫生。学会阅读食品标签,合理选择食品。应该从每个人做起,回家吃饭,享受食物和亲情,创造和支持文明饮食新风的社会环境和条件。

(七)平衡膳食模式和图示

1. 中国居民平衡膳食宝塔

膳食宝塔共分5层,各层面积大小不同,分别表示5类食物推荐量的多少(图3-1);宝塔旁边标注有文字注释,提示在能量需求量1600~2400 kcal时,健康成年人一段时间内平均到每天的各类食物摄入量范围。食物的摄入量会随能量需要量水平变化而相应改变。膳食宝塔还包括身体活动量、饮水量的图示,强调增加身体活动和足量饮水的重要性。

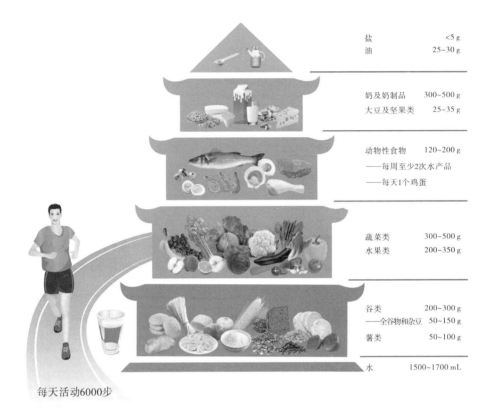

盐   <5 g
油   25~30 g

奶及奶制品   300~500 g
大豆及坚果类   25~35 g

动物性食物   120~200 g
——每周至少2次水产品
——每天1个鸡蛋

蔬菜类   300~500 g
水果类   200~350 g

谷类   200~300 g
——全谷物和杂豆 50~150 g
薯类   50~100 g

水   1500~1700 mL

每天活动6000步

图 3-1   中国居民平衡膳食宝塔(2022)

▶第一层是谷薯类食物

谷类包括稻米、小麦、高粱、玉米等,及其制品如米饭、馒头、烙饼、面包、玉米面饼、麦片、饼干等。薯类包括红薯、马铃薯等。杂豆包括大豆以外的其他干豆类,如绿豆、红小豆、芸豆等。杂豆本不是谷类,主要是因为我国有把杂豆类当作"主食"的习惯,也常常"整粒"食用,与全谷物特征一致。全谷物保留了天然谷物的全部成分,是膳食纤维、B族维生素、无机盐及其他营养素的来源。我国传统膳食中整粒的食物常见的有小米、玉米、荞麦、燕麦等,均为全谷物食品。

谷薯类是膳食能量和糖的主要来源。一段时间内(如 1 周),成人每人每天平均摄入谷薯杂豆类应在 250~400 g,其中新鲜薯类 50~100 g,全谷物和杂豆类共 50~150 g。一般来说,米饭的能量是新鲜薯类能量的 1.5~2.0 倍。

▶第二层是水果蔬菜类

水果包括浆果、仁果、柑橘类、核果、瓜果、热带水果等。建议吃新鲜水果,在鲜果供应不足时可选择一些含糖量低的干果制品和纯果汁。新鲜水果提供多种微量营养素和膳食纤维,蔬菜和水果各有优势,虽放在一层,但不能相互替代。很多人不习惯摄入水果,或者摄入量很低,应努力把水果作为平衡膳食的重要部分,多吃水果。

蔬菜包括叶、嫩茎、根菜类、花菜类、茄果瓜菜类、鲜豆类、葱蒜类及菌藻类、水生蔬菜类等;每类蔬菜提供的营养素略有不同。深色蔬菜是指深黄色、深绿色、红色、紫色等有颜色的蔬菜,有色蔬菜的微量营养素和植物化学物含量较高。

蔬菜和水果类是微量营养素和植物化学物的良好来源,鼓励多多摄入这两类食物。多吃蔬菜、水果还是控制膳食能量摄入的良好选择。推荐成人每人每天的蔬菜摄入量在 400 g 左右,深色蔬菜每天应达到 1/2 以上;水果在 300 g 左右。

▶第三层是禽、鱼、蛋、肉等动物性食物

常见的水产品是鱼、虾、蟹和贝类,蛋类包括鸡蛋、鸭蛋、鹅蛋、鹌鹑蛋、鸽蛋及其加工制品。肉类食品包括猪肉、牛羊肉、禽肉。此类食物富含优质蛋白质、脂类、维生素和无机盐。

尽管新鲜的动物性食品是脂肪、优质蛋白质、脂溶性维生素的良好来源,但由于肉类食物脂肪高、能量高,食用时应适量。推荐每天鱼、禽、肉、蛋的摄入量共计 120～200 g。有条件可以优选水产品、禽类和鸡蛋,畜肉最好选择瘦肉,少吃加工类肉制品。

▶第四层是奶类、大豆和坚果类

乳制品多种多样,包括液态奶、酸奶、奶酪、奶粉等;大豆类包括黑豆、青豆、黄豆,其常见的制品有豆腐、豆浆、豆腐干等。鼓励多摄入乳类和大豆类食物。

大豆类和乳类是钙和蛋白质的良好来源,也是营养素高的食物。推荐成人每天应摄入相当于鲜奶 300 g 的奶类及奶制品。推荐大豆和坚果制品每日摄入 25～35 g。

坚果包括瓜子、核桃、花生、榛子、杏仁等,由于坚果富含必需脂肪酸和蛋白质,其蛋白质含量与大豆相似,做成零食、菜肴等都是实现食物多样化的良好途径。建议摄入坚果每周 70 g(每天约 10 g)。

▶第五层是盐和烹调油

食盐有碘盐和其他类型的盐。作为与慢性疾病相关的膳食因素,限制盐的摄入水平是我国防控高血压、心血管病等慢性疾病高发的长期目标。应尽量减少油盐的使用。推荐每天烹调油不超过 25 ~ 30 g,食盐摄入量不超过 6 g。烹调油包括多种植物油和动物油。动物油包括牛油、猪油、黄油等。植物油包括大豆油、花生油、芝麻油、菜籽油等。烹调油要经常更换种类,食用多种植物油,以满足人体对各种脂肪酸的需要。

▶运动和饮水

鼓励天天运动,消耗能量,补充营养,保持能量平衡和促进身体健康。每周坚持 5 d 中等体力强度活动,如骑车、游泳等,每次坚持 30 min。建议成年人每天主动锻炼,持续进行相当于 6000 步以上的身体活动,如跑步、骑车等。

水是载体,帮助食物消化吸收和输送营养素,饮水不足对人体健康会带来较大的危害。对于一个成年人来说,每天饮水 1600 mL 左右(7 ~ 8 杯),遇到强体力劳动或者高温高湿条件时,还需要适当增加饮水。膳食中也含有水,比如食物中的水、汤、粥、奶等,每天共计摄入水的量应在 2700 ~ 3000 mL。

2. 平衡膳食宝塔的应用

(1)确定适合自己的能量水平

膳食宝塔中建议的每人每日各类食物适宜摄入量范围适用于一般健康成人,在实际应用时要根据个人性别、年龄、体重、身高、季节、劳动强度等情况适当调整。根据自己的能量水平确定食物需要。

(2)膳食宝塔建议

每人每日各类食物适宜摄入量范围适用于一般健康成年人,按照 7 个能量水平分别建议了 10 类食物的摄入量,应用时要根据自身的能量需要进行选择。

(3)食物同类互换,调配丰富多彩的膳食

应用膳食宝塔可把营养与美味结合起来,按照同类互换、多种多样的原则调配一日三餐。

(4)因地制宜,充分利用当地资源

我国幅员辽阔,各地的饮食习惯及物产不尽相同,只有因地制宜、充分利用当地资源才能有效地应用膳食宝塔。

(5)养成习惯,长期坚持

膳食对健康的影响是长期的结果。应用平衡膳食宝塔需要自幼养成习惯,并坚持不懈,才能充分体现其对健康的重要和持续的促进作用。

（八）健身运动者的合理膳食营养

营养与运动关系密切,运动锻炼引起的消耗,要在运动结束后通过合理的膳食营养进行补充。如果消耗得不到补充,缺乏合理营养保证,机体长期处于一种亏损状态,久而久之,会使锻炼者运动能力和生理功能下降,出现疲劳、乏力甚至疾病状态。

合理营养与运动锻炼是维持和促进健康的两个重要条件。以运动锻炼为手段,以科学合理的营养为物质基础,用锻炼的消耗过程换取锻炼后的超量恢复过程,使机体积聚更多的能源物质,从而提高各器官系统的功能。此时获得的健康,较之单纯以营养获取的健康上升到一个新的高度。因为合理营养加运动锻炼,在获得健康的同时也获得了良好的身体素质。

如何实现合理营养呢? 健身运动者要注意以下几个问题。

1. 食物的数量和质量应满足健身运动的需求

在具体选择食物时,要注意重视主食的摄入,如米、面、馒头等。主食中含有丰富的糖类,能供给运动者充足的能量。快速释放能量的糖类会在人体内制造压力,刺激皮质醇的产生。因此,健身者在锻炼时,尽量先不要食用葡萄糖、糖果以及其他添加糖分的食品。

健身运动还要避免选择食入过多的肉类,目前国内的运动锻炼者蛋白质缺乏已很少见,吃过多的肉食不仅不会给人体提供高能量,相反会给人体带来许多危害,在过多的蛋白质摄入的同时带入过多的脂肪,长期下去会引起高脂血症、冠心病等。动物性蛋白质和植物性蛋白质的比例要适宜,应多食牛奶和豆制品以代替部分肉类。

吃各种各样蔬菜和水果,特别应强调增加生食的蔬菜,以减少营养素的损失。少吃或不吃油炸食物、肥猪肉、烤鸭、腊肉、奶油等,它们可能给体内带入过多脂肪,引起肥胖。

2. 食物应当营养平衡和多样化

所谓酸性食物或碱性食物,并不是指味道酸或碱的食物,而是指食物经过消化吸收和代谢后产生的阳离子或阴离子占优势的食物。也就是说,某种食物如经代谢后产生的钾、钠、钙、镁等阳离子占优势的属碱性食物;而代谢后产生磷、氯、硫等阴离子占优势的食物属酸性食物。柠檬、柑橘、杨桃等味道虽酸,但它们经人体代谢后,有机

酸变成了水和 CO_2，后者经肺呼出体外，剩下的阳离子占优势，仍属碱性食物；同理，肉、鱼、蛋类和米面虽无酸味，但代谢后产生的阴离子较多，仍属于酸性食物。因此，不能从食物的味道来区分酸性或碱性食物。

在运动后不宜大量食用大鱼大肉等酸性食物，以免食物搭配不当引起生理上的酸碱失调。因为运动后人体内的糖、蛋白质、脂肪被大量分解，产生磷酸、乳酸等酸性物质，刺激人体组织器官，人体会产生精神疲乏、肌肉和关节酸胀。肉、鱼等食品属于酸性食物，运动后即食会使人的体液更加酸化，不利于关节、肌肉和身体功能的恢复，严重时还会引起酸中毒从而影响健康。

因此，运动后应多食一些水果、豆制品、蔬菜等碱性食品，以利于保持体内的酸碱平衡（pH 值维持在 7.3 ~ 7.4），从而达到消除运动疲劳的目的。常见的碱性食物有海带、菠菜、萝卜、四季豆、南瓜、黄瓜、莲藕、西瓜、香蕉、苹果、草莓等。

3. 重视一日三餐的合理营养

运动者要根据自己每天的锻炼量，合理选择三餐食物种类和数量，而不仅是根据自己的喜好选择食物。要合理安排一日的餐饮，两餐之间的间隔和每餐的数量、质量，使进餐与日常生活制度和生理状况相适应，并使进餐与消化吸收过程协调一致。膳食制度安排适当，有助于提高劳动和工作效率。

按照我国人民的生活习惯，正常情况下，一般每日三餐比较合理，两餐的间隔以 4 ~ 6 h 为宜。各餐数量的分配要适合锻炼的需要和生理状况，较适宜的分配为：早餐占全天总热能的 25% ~ 30%，午餐占全天总热能的 40%，晚餐占全天总热能的 30% ~ 35%。

4. 健身者要养成合理的饮食习惯

对于一个健身者来说，空腹时和刚进食后，若马上开始运动，对人体健康不利。为避免因为体力活动而导致的功能紊乱，同时还可以增强运动效果，在运动前 30 min 可以食用少量食物。进食后 30 min 之内不要进行体力活动。如果是晨练，早餐最好食用少量的奶制品、谷类食品、水果饮品及运动营养食品，但一定要避免食用难以消化吸收的食物。

5. 合理补水

健身者的水分摄取量应以满足机体失水量、保持水分平衡为原则，不能单凭有无口渴来判断。健身者在日常锻炼无明显出汗的情况下,每日水分的需要量为 2000~3000 mL。大量出汗时,应采取少量多次补给,长时间大量出汗时,应每隔 30 min 补液 150~250 mL。运动前也应补液 400~700 mL,因为运动中水分的最大吸收速率是 800 mL/h。

及时补充水分对于保持运动能力非常重要。对于时间不超过 1 h 的运动,每 15 min 可以饮水 150~300 mL;对于运动时间在 1~3 h 的运动,应该及时补充含糖饮料,以免低血糖。

切记运动时不要饮用冰水,会引起人体消化系统的不良反应。

6. 合理地选择运动营养保健品

运动营养保健品,亦称强壮食品或功能食品,是专为从事运动的人群而设计的一类特殊营养品。为保证锻炼的有效性,运动者在合理膳食的基础上,还应科学合理地选用运动营养保健品。

二、运动与体液平衡

(一) 水对机体内环境稳态的重要性

机体内环境稳态有利于维持正常生理功能,水出入平衡对保持内稳态极为重要。机体不能缺水,脱水对长时间耐力性运动项目具有严重影响,对短时间爆发力性项目影响不明显。机体不储存多余的水分,会立即排出体外。如果出汗或腹泻等排出水分过多或者摄入水分不够时,机体会因失水而影响正常的生理功能(表3-2)。

表3-2 失水对生理功能的影响

失水程度(%体重)	对生理功能的影响
2	强烈口渴,不适感,食欲下降,尿少
4	不适感加重,运动能力下降20%~30%
6	全身乏力,无尿
8 以上	烦躁,体温和脉搏增高,血压下降,循环衰竭以至死亡

一般来说,成年人每天对水的最低生理需要量为 1500 mL,才能与肾脏为排除代谢废物需至少排出的尿量保持平衡。每天机体由尿中排出的代谢废物和电解质总量为 40~50 g,为安全起见,机体每日每千克体重供水 40 mL 为宜。遇到高温和长时间大强度运动等出汗多的情况时,应该相应增加供水量。供水是否满足需要,可由体重、尿量和尿比重等判断(表3-3)。

表3-3　成年人一日的水平衡　　　　　　　　单位:mL

摄入方式	摄入量	排出途径	排出量
饮料	1200	肾脏(尿液)	1500
食物中所含水分	1000	皮肤(蒸发)	500
生物氧化产生的代谢水	300	肺部(呼气)	350
		大肠(粪便)	150
总量	2500	总量	2500

(二)水的营养功用

人体的所有组织都含有水,水占一个成人体重的 50%~70%。血液中含水量可达 90%,肌肉中含水量约为 70%,骨骼中含水量约为 22%。水是良好的溶剂,食物的消化吸收利用及排泄全过程都需要水。水能调节体温,运输体内营养物质。

(三)运动性脱水

如果人们在进行大强度运动时,由于高温高湿环境,人体大量出汗,体内水分和电解质丢失过多,尤其是钠离子严重丢失,但是又未及时补充含有电解质的液体,极易造成运动性脱水。

运动性脱水主要是高渗性脱水,其早期临床特点是尿少、口渴,脱水越严重口渴越加剧,严重脱水会出现精神幻觉和躁狂。早期口渴已经轻度脱水,此时水分丢失已经达到体重的 3%。严重脱水将会对运动能力和身体健康造成伤害。

(四)运动性脱水的预防措施

应进行各种环境的不同强度运动训练,增强机体运动性脱水耐受性。最关键的是应该及时补水,保持机体水平衡。一般来说,运动前、中、后各个阶段都应该补水,还应注意补充电解质。补液时应遵循少量多次的原则。

(五)运动时补水的方法

1. 补水的原则

运动时补水的原则是:预防性补充、少量多次。预防性补水可以避免脱水,维持运动能力。为避免一次性大量补水时胃肠道产生饱胀感和心血管系统充盈造成的心脏负担,一定要遵循少量多次的原则。补水时,补水量要大于失水量,尤其是液体中钠的补充量一定要大于丢失量,才能保持最佳运动功能,加快恢复进程。

2. 运动前补水

运动项目不同,天气环境不同,补水要求也相应不同。运动前科学补水相对于脱水后再补充水肯定更有利于维持机体功能水平。运动前 2 h 可少量多次补充 500 mL 左右的电解质和糖运动饮料,运动前 20 min 左右也可以少量多次补水约 500 mL。

3. 运动中补水

运动中也可补水,补水量与失水量要大致相当,补水的多少可参考出汗量。一般来说,每小时补水总量不要超过 800 mL,以免胃肠负担太重。时间不超过 60 min 的运动,只补充纯水就可以了,如果运动时间长于 60 min,还需要补充运动饮料,补充丢失的电解质和糖。

4. 运动后补水

运动后要及时补水,以维持体液平衡,促进机体恢复。运动后补水也应该遵循少量多次原则,补水量的多少可以参考体重的丢失量。还应该补充电解质,促进恢复血容量。一般来说,可以监测次日清晨体重,了解机体是否恢复了丢失的体液、恢复的状况如何。

(六)运动时补液的生理效应

运动时补液主要意义在于维持体液平衡,从而维持正常的生理功能。液体中的糖能为机体提供能量,体内主要能源物质糖的来源为肌糖原和肝糖原,还有小部分在血糖中,三者在体内贮存都非常有限,长时间运动时,内源性糖源很快耗尽,机体疲劳,此时,补充外源性含糖饮料极为重要。

体液平衡失调直接影响体温调节,中心体温急速上升,给机体带来较大伤害。体液平衡能维持每搏输出量和心输出量在较为恒定的水平,使心率上升较慢,产生有利的生理效应。

(七)运动饮料

运动饮料是一种促进机体快速恢复的保健性饮品,专门为运动健身人群研制,能快速补充水分、电解质和糖,为机体提供能量,保持机体内环境稳态,改善机体运动功能。运动饮料在运动前、中、后均可饮用,对于改善机体代谢、体温调节均有作用,是运动训练和比赛后积极的恢复手段。

运动饮料的效果如何,可从以下几个方面进行考察。

1. 渗透压

运动饮料中电解质和糖的浓度越大,渗透压越大,胃排空越慢,应该补充低渗性运动饮料。

2. 糖

运动饮料的糖可使用葡萄糖、蔗糖、低聚糖、短链淀粉等,含量应在 4%~8%。单糖和双糖吸收较快,低聚糖一般由 3~8 个单糖组成,吸收较慢,但是低聚糖可以延长耐力运动中糖的供应时间。

3. 酸度和口味

微酸的运动饮料可增加口感,促进摄入。适宜的口味对运动员摄入足够量的运动饮料很重要。

4. 钠盐

运动饮料中含少量的钠盐有利于糖和水分的吸收,含量一般低于汗液中的钠盐含量。为避免刺激胃肠道,补钠盐时最好不要直接补盐片,以免引起水在胃肠道潴留,加重脱水,或者导致腹泻。如果饮料的盐浓度过大,可在稀释后饮用。

5. 温度

运动前、中、后均不要饮用过凉的饮料,以免造成胃肠不适。在高温环境下,运动饮料的温度应该比环境温度低,有利于降体温。一般来说,5~13 ℃适宜,既有利于降体温,口感也比较好。

6. 二氧化碳

含二氧化碳气体的运动饮料,在胃部易产生气胀的感觉,引发人体不适,因此,不建议在运动过程中饮用。

第四章

不同运动项目和人群的营养特点

不同运动项目具有不同的代谢特点,因此,营养需求也各不相同。健身者应安排适合于该锻炼项目的平衡膳食,因为良好的营养对健身者的功能状态、体力适应过程、运动后的恢复及防治运动性疾病都有重要作用。

不同健身人群有着不同的营养需求,增强肌力、减少脂肪、增加体重和亚健康健身人群的物质代谢特点不同,其膳食营养需求和安排也相应不同。

一、常见运动项目的营养特点

(一)跑步项目健身人群的膳食营养

不同运动量和运动强度的跑步,具有不同的代谢特点,营养需求也不同。

在运动竞赛中经常设立的短跑项目,属于短时间高强度的运动类型,需要较高的力量素质和较好的爆发力,主要由无氧代谢供能。此类运动项目的营养膳食应以提高肌肉质量、增大肌肉体积和力量为目标,一定要含有丰富的蛋白质。一般来说,每日蛋白质摄入量可以达到每千克体重2 g左右。此外,为了给大脑组织提供丰富的营养,还应该在膳食中增加糖和磷的含量,能增强神经的传递能力和改善神经调控功能,能够动员和募集更多的运动神经元参加收缩。为改善肌肉收缩的质量,还应该在膳食中增加钙、铁、镁等无机盐和维生素 B_1 的含量。

长跑是一种长时间有氧耐力运动,主要由有氧代谢供能,对心肺功能要求较高,要具有较强的抗疲劳能力。长跑虽然运动强度较小,但是运动量较大,耗时长,体力消耗很大。膳食营养一定要全面,要注意补充能源物质,添加丰富的无机盐和维生素,尤其是要突出添加钙、磷、铁、钠、维生素 B_1、维生素 C、维生素 E 的含量,对于维持和提高有氧耐力有重要的作用。

(二)操类项目健身人群的膳食营养

健美操深受大众喜爱,艺术体操、技巧类项目以及竞技体操在群众中也有所开展。这些操类项目动作复杂多变,练习时既要有较强的力量和速度,也要灵敏和协调,对人体神经系统要求较高。参加操类项目锻炼的人群,其膳食营养要均衡,食用高蛋白质、低脂肪和高热量的食物,食物中维生素 B_1、维生素 C、铁、钙、磷的含量要高,可多食用富含维生素 C 的水果和蔬菜,多食用豆类,也可以用桂圆和大枣熬汤,有效预防和消除运动引起的疲劳。

(三)大球类项目健身人群的膳食营养

大球类项目属于长时间高强度间歇性运动项目,对人体灵敏、力量、速度等各方面身体素质要求较高,能量消耗很大。其膳食营养要根据运动量大小进行补充。应以高糖类食物为主,尤其是运动或比赛前的 3~4 h 食用高糖类饮食,增加糖原负荷。当然,对于集体性运动,也要根据个人的运动强度和运动量合理确定能耗和补充量。

大球类项目要求精神长时间高度集中,在长时间高强度间歇性运动项目中,蛋白质不仅参与供能,还具有调节人体的生理功能、提高中枢神经系统兴奋性、增强机体的免疫力等一系列功用,尤其是蛋氨酸、赖氨酸等有助于建立条件反射。因此,建议大球类项目健身人群蛋白质的供应量应占需求总量的 14% 左右。应该优先选择优质蛋白质,注意必需氨基酸占比等。

对于极易造成运动损伤的大球类运动项目,运动后要迅速补充蛋白质,有助于肌肉和组织的修复和恢复。

长时间高强度间歇性大球类运动项目,一定要防止脱水,脱水是引起身体功能紊乱的主要原因,易导致疲劳和身体运动能力下降。此时补液,有助于疲劳恢复,提高耐力。运动前、中、后均可补液,以补充等渗运动饮料为佳,不要选用含有咖啡因和乙醇的饮料。补液时含糖量不要过高,以免影响胃排空,引起胃不适。不要等到口渴了再补液,赛前一天和比赛当天要积极主动少量多次充分补液。同时,要注意观察尿量和尿液的颜色。

（四）小球类项目健身人群的膳食营养

小球类运动项目,比如网球、羽毛球、乒乓球等,对速度、力量、灵敏、耐力等身体素质的要求比较高。膳食营养中应该富含蛋白质、糖类,以及维生素和无机盐,如 B 族维生素、维生素 C、维生素 E、维生素 A、叶酸、钙、钠、钾等,以及胆碱和泛酸等。补充水、维生素和电解质甚至比补充糖类、蛋白质和脂肪更加重要一些,尤其是维生素 A 对小球类运动项目比较重要。

（五）水上项目健身人群的膳食营养

水上项目因其独特的项目特点,其膳食营养应该摄入复合糖类,少吃葡萄糖和果糖等简单的糖。复合糖类的摄入量应占每天总能量供应量的 60% 左右,蛋白质的摄入量占比总能量摄入的 17% 左右,脂肪摄入占比总能量摄入的 27% 左右。要注意及时补充运动中丢失的液体。游泳项目绝大部分时间在水中进行,隐匿性散热较多较快,必须注意多样化的平衡膳食,冬泳等在低温环境中锻炼时,可增加脂肪的摄入量。维生素以维生素 B_1、维生素 C、维生素 E 为主。低温环境导致甲状腺素分泌增多,补充无机盐时要增加碘的含量。

（六）冰雪类项目健身人群的膳食营养

冰雪类运动项目,蛋白质和脂肪消耗较多,必须加强补充。同时,还应该加强糖类补充,糖类有协调蛋白质和脂肪代谢的功能。要加强 B 族维生素的摄入,尤其是维生素 A,保护长时间暴露于白色环境中的眼睛。冬季进行冰雪类运动项目,日光照射时间少,还应该在膳食营养中增加钙、铁、磷、碘和维生素 D 的含量。

冰雪类运动项目的锻炼者同样也要注意补充充足的水分。补液的温度以 8 ~ 14 ℃ 为最佳。

（七）棋牌类项目健身人群的膳食营养

棋牌类运动项目主要以脑力劳动为主,为脑细胞提供营养的能源物质完全依赖血糖。因此,棋牌类运动项目对糖类有着特殊的需求。若血糖降低,大脑缺氧,脑的工作能力下降。下棋打牌时应随时补充糖类,同时,还应该增加蛋白质、维生素 B_1、维生素 C、维生素 E、维生素 A、卵磷脂、钙、磷、铁的供给。膳食中不易含有太多脂肪,以清淡为主,多吃蔬菜和水果,增加无机盐和维生素摄入。

(八)射击类项目健身人群的膳食营养

射击类项目对视力要求高,一定要注意保护好眼睛视力,主要包括射箭、射击、飞碟等。胡萝卜、鸡肝、鳗鱼等富含维生素 A,可以经常食用。一些用于养眼的药膳,比如韭菜炒猪肝、羊肝粥、猪肝煲枸杞子、菊花茶等,都是较好的养眼食品。

射击类项目对心理状态稳定要求较高,尤其是比赛时,运动员的心理压力还是较大的,要多摄取富含维生素 C 的水果和蔬菜,比如橘、柑、橙、芒果、草莓、菠菜、花椰菜、油菜、芝麻、核桃仁、花生仁、香榧等,对大脑进行保健,消除大脑疲劳,增强记忆力,从而保持良好的竞技状态。

二、不同健身人群的营养需求

(一)儿童青少年的膳食营养

儿童青少年的年龄段一般是指 6 ~ 18 岁,从儿童青少年到成年人的生长发育呈现时快时慢的波浪式过程,阶段性规律很强。青春期是这一过程中的突增期,年龄在 10 ~ 11 岁至 14 ~ 15 岁。突增期过去以后逐渐缓慢下来,到 20 岁左右基本停止。

儿童青少年阶段整体上正处于生长发育的快速时期,这一阶段的儿童青少年活泼好动,引导其进行适当的体育锻炼,并注意合理的营养是身体素质发展的重要影响因素。

1. 儿童青少年时期的物质代谢特点

儿童青少年时期基础代谢率高,物质代谢和能量代谢都非常旺盛。青春发育期的青少年体格迅速发育,体力活动和脑力劳动的量和强度都大幅增加,其能量需求甚至超过成年人。儿童青少年时期生长激素分泌比成年人高,身高和体重增长较快。

2.儿童青少年时期的营养需求

（1）蛋白质

食物中的蛋白质是被人体以氨基酸的形式吸收利用的,人体摄入的食物中蛋白质应提供满足需求的必需氨基酸,以利于体内蛋白质再合成或者是组成体内的游离氨基酸库。氨基酸在体内再合成为蛋白质后,可以作为机体细胞或组织的基本组成成分,也可合成为抗体、酶、肽类激素等具有特殊作用的蛋白。饥饿或应激状态下,蛋白质分解代谢加强,为人体提供能量,并合成尿素。

成年人体内必需氨基酸为8种,分别是亮氨酸、异亮氨酸、苯丙氨酸、蛋氨酸、赖氨酸、苏氨酸、缬氨酸和色氨酸。对于儿童青少年,还应该增加组氨酸。

儿童青少年时期生长较快,身高、体重逐渐增加,肌肉和内脏器官增长,激素、酶等物质合成增加,这些过程都需要大量蛋白质,补充足量的必需氨基酸对于儿童青少年的生长发育非常重要。如果蛋白质供应不足,生长发育缓慢,不仅体质下降,还会影响到智力发展。在保障蛋白质营养供给的同时,还应该保证摄入优质蛋白质,注意蛋白质的互补作用。谷类是我国居民的主要膳食种类,为保证优质蛋白质的供给,儿童青少年的膳食营养,应注意保持不少于一半的蛋白质来自动物性食品和豆类食品。若不能保障蛋白质类食物摄入量,可以增加糖类摄入。

（2）糖类

从食物中摄入的糖类,比如淀粉、蔗糖等,经人体消化后分解为单糖,吸收到血液中后称为血糖。血糖是大脑和血液中红细胞的主要供能物质,大脑所需能量的95%来自血糖供应。儿童青少年学习任务较重,脑力劳动大,如果糖类供应不足,容易导致学习注意力涣散、上课打瞌睡等。血糖经血液循环运输到肝脏和肌肉中合成肝糖原和肌糖原,儿童青少年体力活动较多,因肌肉量比成人低,肌糖原贮存量也比成年人少,在耐力性运动中易疲劳。

儿童青少年的糖类主要通过膳食主食获得,每日糖类的摄入量应占总热量的60%左右,考试和运动的时候,可适当加餐点心和饮料,增加10%~15%的糖类。尽量不要在正餐前吃糖,会降低食欲,减少正餐进食量,影响营养摄入。

（3）脂类

脂类中的甘油三酯可作为能源物质被储存和氧化分解供能。必需脂肪酸因其为不饱和脂肪酸,可用于合成某些物质,如亚油酸是合成卵磷脂的重要成分,卵磷脂有利于合成乙酰胆碱,改善提高记忆力。食物中亚油酸和卵磷脂含量丰富的有肉类、豆类、鸡蛋和坚果类等。磷脂是细胞膜的构成成分,儿童青少年处于生长发育期,对于细胞的分裂增殖来说,磷脂的摄入不可缺少。胆固醇是脂类的一种,它是胆汁、性激素(如睾酮)、肾上腺皮质激素和维生素 D 等的合成原料。虽然胆固醇可以内源性合成,但对于儿童青少年,尤其是青春期少年性发育需要和骨骼的生长,胆固醇必须从膳食营养中补充摄入。

儿童青少年期的脂肪摄入来源应包含动物性食物和植物性食物,因为人体必需的脂溶性维生素只溶于脂肪和脂肪溶剂,脂溶性维生素主要存在于动物性食物中。并且,人体所需的必需脂肪酸大量存在于植物性食物中。儿童青少年期的脂肪摄入量占总热量的 $25\% \sim 30\%$,摄入过多易引起肥胖,肥胖是现代社会中一种常见的营养障碍性疾病,儿童期肥胖常为多细胞性肥胖,是导致成年期肥胖的重要因素。

(4)水

儿童青少年身体水含量比成人更高,是人体组织中含量最多的成分。水由饮水和食物含水提供,在学习紧张或体育锻炼的过程中可适当喝含糖饮料,或者吃水果,可提供适量的糖,为机体提供能量,有利于维持水平衡、体内物质运输和生物化学反应(反应物、生成物、溶剂等)及体温调节等。

(5)维生素

维生素与物质和能量代谢有密切关系,参与体内多种酶或辅酶的构成。儿童青少年生长发育迅速,代谢旺盛,维生素需求量比其他年龄阶段要多,若膳食中维生素供应不足或不平衡,可导致代谢紊乱。维生素的体内贮存周期较短,尤其是水溶性维生素,极易缺乏,引起代谢障碍,影响儿童青少年的生长发育。

我国儿童青少年维生素的摄入量以维生素 B_2 和维生素 A 较低,可适当增加动物性食品、深色蔬菜和豆制品的摄入。维生素 A 在各种动物的肝、鱼肝油、全奶、蛋黄等含量丰富;有色蔬菜中的 $β$-胡萝卜素含量丰富;维生素 B_2 广泛存在于天然食物中,其中动物性食物(尤其动物内脏)含量最高。

维生素 D 对促进机体骨骼和牙齿的钙化起到重要的作用,儿童缺钙可引起佝偻病。天然食品中维生素 D 含量较低,一般靠补充鱼肝油、动物肝脏和蛋黄等来满足。小学生多参加户外活动,经常晒太阳,一般情况下不会缺乏维生素 D。发生维生素 D 缺乏的两大主要原因,一是膳食中缺乏维生素 D,二是日光照射不足。儿童青少年夏秋季节户外活动时间要长于冬春季,冬春季更应注意膳食维生素 D 的摄入。

维生素 B_1、维生素 B_2、烟酸等 B 族维生素对促进儿童生长发育、促进消化、防治贫血起到重要作用,其需求量与蛋白质能量需求成正比。儿童生长发育迅速,蛋白质与能量的需求不断增加。我国膳食中最易缺乏的维生素为维生素 B_1、维生素 B_2,应尽量为学龄儿童提供维生素 B_1、维生素 B_2 含量高的动物肝肾、乳、蛋、大豆及绿叶蔬菜,提倡多吃五谷杂粮等。小学生活泼好动,代谢较旺盛,须注意提供含维生素 C 较高的食物,如绿叶蔬菜与水果,以满足机体需求,但膳食中的维生素 C 很不稳定,经烹调往往会损失一半以上,应予以考虑。

(6)无机盐

学龄儿童正处在骨骼、牙齿发育的关键时期,我国膳食中奶及奶制品相对不足,钙主要来源于吸收率不高的蔬菜和豆类,因此应在膳食中增加牛奶的供给量或钙强化食品,以改善儿童青少年的骨骼发育状况,有利于成年后获得较高的峰值骨量,降低老年期骨质疏松和骨折发生率。

小学生对铁的需要量较成人高,缺铁易导致缺铁性贫血,而我国学龄儿童中缺铁性贫血的患病率很高,有的地区高达40%左右,这是值得我们关注的营养问题。

缺碘可引起甲状腺肿,俗称"大脖子病",小学生是甲状腺肿发生的开始年龄。故在缺碘地区应大力提倡食碘盐,食用含碘丰富的食物如海带、海鱼等,以预防碘缺乏病的发生。

锌是酶的成分或酶的激活剂,参与蛋白质合成等。缺锌易导致生长发育和性发育停滞,味觉、嗅觉异常,出现异食症伴厌食等症状,影响人的智力发育。少年青儿童长期缺锌可导致侏儒症,因此,在小学生膳食中,须适当增加含锌食物的摄入量。

其他如铜、氟、锰、钼、镍、硒等都是小学生生长发育所必需的微量元素。

3. 儿童青少年时期的膳食营养安排

体育运动是青少年喜好的内容之一,也是增强人体功能的有效手段。营养是构成机体组织的物质基础及供给身体活动的能量,是人们从事体育活动的基础。营养和体育运动都是健康促进的重要手段。

(1)能量

运动能耗取决于运动强度、密度和持续时间,不同项目、不同运动强度和持续时间,总的能量消耗不同。根据心搏峰(每搏输出量达到峰值时的心率)理论和最佳心率范围理论,体育课和课外活动的适宜生理负荷的平均心率一般在 120～140 次/min,运动强度不大,如果日常饮食中能量供应充足,能够满足机体需要,不需要额外增加营养。如果参加比较剧烈的、能量消耗较大的体育活动,则需要及时地补充能量,不仅仅需要满足正常的机体能量需求和保持充沛体力,还需要保持一定量的能量储备。当然,能量储备不能过量,否则会导致机体发胖。因此,补充能量时应根据人体能量消耗情况而定(表4-1)。

表 4-1　中国儿童青少年膳食能量推荐摄入量

性别	年龄/岁	平均体重/kg	能量推荐摄入量/(kcal/d)			
			基础代谢率	轻体力活动	中度体力活动	重度体力活动
男	6	19.8	944	1479	1669	1860
	7	22.0	994	1557	1758	1958
	8	23.8	1035	1621	1830	2039
	9	26.4	1094	1713	1934	2155
	10	28.8	1155	1808	2041	2275
	11	32.1	1213	1809	2144	2389
	12	35.5	1272	1992	2249	2506
	13～15	42.0	1368	2170	2450	2730
	16～17	54.2	1600	2610	2937	3345
女	6	19.8	929	1407	1548	1782
	7	22.0	972	1472	1619	1864
	8	23.8	1021	1547	1701	1959
	9	26.4	1080	1635	1799	2072
	10	28.8	1097	1663	1829	2106
	11	32.1	1145	1735	1908	2197
	12	35.5	1200	1836	2019	2325
	13～15	42.0	1263	1933	2126	2448
	16～17	54.2	1335	1955	2225	2495

(2)蛋白质

儿童青少年蛋白质的摄入量应高于成年人,应根据体力活动情况确定蛋白质的摄入量。摄入过多会增加肝肾负担,酸性代谢产物增多,摄入不足则影响机体的生长发育,降低身体素质和运动能力。在摄入食物时,优质蛋白质应占总摄入量的30%以上,多摄入牛奶、鸡蛋和禽肉等,既容易消化吸收,又含有较多的谷氨酸和酪氨酸,利于提高神经系统兴奋性。

(3)脂肪

脂肪的能量高,体积小,相同重量的脂肪比糖分解时释放的能量多得多,是一种超高能燃料,因此,脂肪是一种比较理想的储能形式。在长时间耐力性运动中,脂肪是产能的重要物质,经有氧氧化生成二氧化碳和水,并提供能量。

由于脂肪不容易被消化,在运动当日的饮食中,脂肪摄入不宜过多,会影响其他营养素的吸收。脂肪所提供的能量与总能量的适宜占比为25%~30%,其中,脂肪中的饱和脂肪酸、单不饱和脂肪酸和多不饱和脂肪酸的比例应为1∶1∶(1.0~1.5),饱和脂肪酸的量要少于10%。在长时间耐力运动时,适宜的脂肪摄入可以维持饱腹感,但是摄入脂肪过多易产生饱胀感,引起不适。尤其在比赛前,应避免油腻食物。参加冬季体育锻炼的时候,可适当增加脂肪摄入。

(4)糖

运动中糖容易氧化,耗氧量少,是运动时的最好能源,糖代谢的某些中间产物对脂肪代谢有调节作用。运动前,膳食中可适当增加糖的摄入,以提高糖的储备。运动时糖消耗较多时,机体易产生疲劳,如果运动时间比较长,在运动过程中可以补充含糖的饮料。儿童青少年在长时间运动后,可在膳食营养中适当补充糖,有利于促进肌糖原和肝糖原储备恢复,同时还应该增加维生素 B、维生素 C 的摄入量。谷类、蔬菜和水果中含有较多糖类,青少年儿童应注意膳食搭配和膳食平衡,使膳食中含有各种糖,如单糖、双糖和多糖。使肝脏、血液和肌肉之间的各种糖原保持平衡,有利于满足对能量的需要。中国营养学会 2000 年建议,儿童青少年的糖摄入量占总能量的60%~65% 比较恰当。

(5)水

儿童青少年的体温调节功能相对较弱,在热环境中运动时产热多,若散热不畅,易脱水甚至中暑,应及时补充水和电解质。儿青童少年在进行一般性体育运动时,机体需水量和平常差别不大,为 2000~2500 mL,但是在高温、大运动量、出汗多时,机体对水的需求量大大增加。此时,儿童青少年在运动前、运动中和运动后都应补充充足的水分。但是饮水应少量多次,每次间隔 15~20 min,一次 120 mL,速度不超过 1 L/h,水温最好在 5~15 ℃。

（6）维生素

大量的体力活动后,儿童青少年应多吃水果、蔬菜,尤其吃深绿色和橙黄色的蔬菜、水果以补充各种维生素,但也必须防止维生素补充过多。各种维生素摄入量应保持适宜比例,才能使各种维生素发挥良好作用。剧烈运动时机体对维生素的需要量增加,可使维生素缺乏症提前出现,而儿童青少年对维生素缺乏的耐受性又比成年人差。早期维生素缺乏症表现为易疲劳、运动能力下降、免疫力减弱,及时补充维生素,机体会随之恢复。

（7）无机盐

参加身体锻炼时,儿童青少年排汗量增加,无机盐丢失增多,影响运动能力和健康。运动也会造成红细胞破坏增加,机体对铁的消耗量增大,如果不及时对铁进行补充,身体极易产生缺铁性的贫血。儿童青少年运动员贫血发生率较高,据统计显示,可高达 39.5%,因此,针对青少年制订的膳食营养食谱中应当含有充足的铁、钙、磷、镁等。

4. 儿童青少年时期参加运动锻炼时的膳食营养要求

（1）合理安排进食与运动

进食后,食物的胃排空时间为 3~4 h,进餐后的 2 h 开始运动是比较合适的。如果过早开始运动,胃内容物较多,胃负担较大,会引起腹痛、呕吐等情况,或者胃内强烈不适。如果运动的时间开始较晚,身体较易出现低血糖现象,影响运动的效果。运动时,内脏血液和肌肉血液会重新分配,血液流向运动中肌肉的较多,胃肠道则相应减少,因此,运动结束后不能马上进食,应当至少在运动结束后 30 min~1 h 再进食。

（2）合理安排一日三餐

据调研统计分析,早餐饮食不科学是严重影响我国儿童青少年身体健康的重要原因。部分儿童青少年不吃早餐,或者早餐偏食高脂高糖类的简餐,都严重影响了儿童青少年的体格发育和智力发育,影响身心健康和学习成绩。健康早餐应该营养均衡,蛋白质、糖类、脂类比例适当,单一摄取某一种营养素过多,都不利于身体健康。部分学生过分强调高蛋白食物的摄入,而忽视富含糖类的粮谷类,造成早餐能量摄入偏低,蛋白质用于能量消耗,浪费了蛋白质。关于午餐和晚餐中的膳食营养,应遵循中国居民平衡膳食宝塔中的食物推荐,均衡摄取谷类、畜禽肉类、蔬菜水果类、奶类等。午餐是一天中最重要的一餐,要吃饱和吃好,不仅是对上午学习和运动消耗能量的补充,还是对下午学习和运动能量的储备。晚餐不要太过油腻和有刺激性,八成饱即可,不要影响睡眠,儿童青少年更不易酗酒。一般来说,一日三餐的能量比大约为 3:4:3。

(3)多样化选择食物

要注意多样化选择食物,易于消化和吸收,而且营养丰富。谷类食物、豆类食物、动物性食物合理搭配,以利于蛋白质互补。多摄入新鲜蔬菜和水果补充无机盐和维生素。烹调食物时还要注意科学的烹饪方法,尽量保留营养成分,还要注意色香味的搭配以增进食欲。

(二)中老年时期的膳食营养

中老年人注意膳食营养,有益于保持身心健康延年益寿。营养供给不足,不能为体力活动或者运动提供足够的能量,体内蛋白质过度分解,中老年人身体就会逐渐消瘦、贫血、虚弱、早衰;若营养摄入过量,体内脂肪堆积,含氮物质增加,心血管系统、消化系统、泌尿系统负担加重,会引起肥胖、动脉硬化、糖尿病、冠心病、高血压、胆囊疾病等。因此,中老年人膳食营养一定要注意科学合理,要根据中老年人身心特点安排适宜饮食,有益于增强身体对疾病的抵抗力,也有益于延缓衰老。

1.中老年时期的物质代谢特点

(1)能量

中老年时期,身体各肌肉各组织功能下降,新陈代谢减慢,相对于青壮年时期,基础代谢率降低 10%~15%,体力活动量也随之降低,能量消耗相应减少。

(2)蛋白质

蛋白质补充对中老年人极为重要,中老年时期的蛋白质代谢以分解为主,因此一定要有足够的蛋白质补充,而且优质蛋白质的供给量应占蛋白质总量的 50% 左右。还有必要补充一些具有特定功能的氨基酸,比如牛磺酸,是一种膜稳定性和抗氧化活性的调节与保护物质,在大脑中浓度较高,对于老年人延缓衰老有益。中年人与60~69 岁老年人的蛋白质供给量与成年人基本相同,按劳动强度不同,男性每天为70~80 g,女性为 60~70 g;70 岁以上,蛋白质的供给量略减少,70~79 岁时,男性为

65～70 g,女性为 55～60 g;80 岁以上时,男性为 60 g,女性为 55 g。

（3）糖类

糖类是比较容易消化吸收的主要能量来源,膳食中淀粉是糖类的主要形式。摄入一些单糖类食物对老年人健康有益,比如果糖,既容易消化吸收,又可以经过氨基化和转氨基作用合成氨基酸,平衡蛋白质消耗,且不容易转变成脂肪。老年人肝糖原储存能力下降,容易发生低血糖,可以经常吃些水果、蔬菜、蜂蜜,少吃蔗糖,蔗糖容易引起肥胖和高脂血症。

（4）脂肪

膳食中的脂肪可增加饱腹感,延迟胃排空,帮助脂溶性维生素吸收。脂肪供给量不宜过多,高脂膳食易导致中老年人心血管疾病、脂肪肝等。中老年人膳食中脂肪摄入量应占总能量的 20%～25% 为宜,应以含不饱和脂肪酸的芝麻油、豆油、花生油等为主,少吃动物性脂肪。

（5）钙和铁

对无机盐的需要量,老年人与成年人略同。老年人钙摄入功能降低,易导致骨骼脱钙及骨质疏松症,因此要在膳食营养中增加含钙丰富的食物。奶类和豆类是钙的优质来源,每天应由膳食中摄取钙 800 mg。中老年人造血功能降低,影响了铁的吸收率,老年性贫血是世界性问题,应多吃易被吸收的富含铁的瘦肉、动物肝脏、豆制品、黑木耳等,每日膳食中摄取铁的推荐量为 12 mg。

（6）维生素

维生素对于中老年人极其重要,需求量与成年人略同,膳食营养中应包含充足的各种水果、蔬菜、瘦肉、鱼、豆类等。

维生素 C 抗氧化,能增强老年人应激能力和免疫力。维生素 C 可解除有毒物质的毒性,有助于胆固醇排出体外,能防止老年人血管硬化,其与维生素 E 一起具有抗氧化延缓衰老的作用。

B 族维生素可维持神经系统正常功能,维持体内物质代谢正常进行,每天必须由膳食中供给充足的 B 族维生素。维生素 B_{12}、叶酸是老年人神经细胞的维护剂,对于防止神经系统的退行性病变和老年痴呆的发生与发展具有一定的作用。

维生素 A 对于维持老年人上皮组织的完整性,保持皮肤、黏膜的健康具有不可替代的作用。

维生素 D 促进钙吸收,防止或减慢老年性骨质疏松。

维生素 E 是机体的强效自由基清除剂,可抗氧化提高免疫力,同时增加胆固醇生理功能,防止血管老化和血栓形成,延缓机体衰老。维生素 E 缺乏会引起老年人吞噬细胞吞噬细菌的功能受抑制。维生素 E 还可刺激机体抗体产生。

（7）水

与成年人相比,中老年人体液总量比成年人少。成年男性体内水分占体重的60%~65%、成年女性占 55%~60%,而老年男性身体内水分含量降至 52%~55%、老年女性降至 45%~50%。水分的减少主要是细胞内液减少,因为随着年龄的增长,细胞在逐渐缩小,且各器官组织的弹性较差,甚至发生萎缩,造成细胞内液的减少。

另外,中老年人易便秘,每天应注意适量饮水,每天 2000 mL 左右为宜,也可多喝汤羹等。但不可饮水过量,过多会加重心脏和肾脏负担。

2. 中老年人运动时的膳食营养

（1）运动前营养准备

运动前要增加体内水储备和糖储备,预防运动中脱水和运动性低血糖,进食要易消化,不可过量,不过干过硬,多喝粥汤,可以饮用 100~120 mL 运动饮料。

（2）运动中的营养供给

中老年人运动以有氧运动为主,强度不大,以糖和脂肪分解代谢供能为主。可间隔 15~20 min 补充运动饮料 100~120 mL,防止脱水和低血糖。

（3）运动后的营养补充

及时补水以利于排出代谢废物;及时补充优质蛋白以利于身体恢复和保持肌肉力量。要平衡膳食、清淡饮食,提倡多吃蔬菜、水果及紫菜等海产品,保证无机盐和维生素充足供应,蔬菜和水果中的纤维素和果胶有利于促进肠蠕动,防止便秘。

第五章

运动、营养与免疫

免疫是机体对异体或者自体物质产生的一种反应,是一种复杂的、维护自身稳定的生理性保护,是机体非常重要的生理功能。如果免疫功能不能正常发挥,机体会失去保护,极易受到病毒、细菌、真菌等感染,对疾病的抵抗力下降。尤其是自新型冠状病毒疫情暴发以来,大众已经深刻认识到了免疫力对人体的重要作用,对于维护免疫系统也越来越重视。

平衡膳食、规律运动与免疫增强之间有着直接而复杂的因果关系,对这种关系进行深入了解,对掌握免疫、营养和运动机体整体功能发挥和增强环境适应力方面有着重要价值,帮助人们找出规律,合理应用营养手段调节机体免疫,有利于增强运动能力和保持身体健康。

一、免疫的概念和分类

免疫是指机体接触"抗原性异物"或"异己成分"的一种特异性生理反应。机体通过免疫识别与排除抗原性异物,使机体保持生理平衡状态,通常对机体是非常有利的。但是,在某些条件下,有些免疫反应也可能对机体带来伤害。

抗原能与抗原特异性淋巴细胞上的抗原受体特异性结合在一起,诱导抗原特异性淋巴细胞产生免疫应答物质。

抗体是受到抗原刺激后产生的一种特异性糖蛋白,也称免疫球蛋白,经常见到的免疫球蛋白为 IgA、IgM 和 IgG。

非特异性免疫是在种系进化过程中遗传获得、先天性对抗原性异物的抵抗力。这种先天性免疫并非针对某一种病原微生物,具有非特异性,比如血脑屏障、皮肤、血胎屏障、黏膜屏障、单核吞噬细胞、中性粒细胞、体液中的抗菌物质等。

特异性免疫是接种疫苗或者感染病原微生物后获得的免疫。一般来说,这种免疫仅仅对疫苗或所感染的病原微生物所导致的疾病有效。一般说的免疫均指特异性免疫。

二、"流动脑"的概念

1985年,Blalock提出"流动脑"概念。他认为机体一个大脑固定于颅腔,另一个功能类似于固定大脑的"流动脑"——免疫系统,则遍布全身,不断流动,识别或感知不同刺激并做出反应,维持机体安全。免疫系统与大脑的特征相像,具有"感知系统、中枢系统和效应系统",接受刺激后效应器应答。

(一)固定脑

机体固定脑利用感受器识别和感受各种刺激,比如光能、声能、电能、压力、化学能等物理刺激,通过神经递质介导,使效应器发生应答。然而,固定脑并不能识别与感知所有刺激,比如对细菌、病毒、微生物、花粉、异体蛋白等不同抗原引起的刺激,固定脑就无法识别和感知,也不能发生应答。但是,对这些抗原性刺激发生反应又是非常重要的,对于保护机体安全也是非常必要的。

(二)"流动脑"

免疫系统能识别、感知体内外各种非感知性刺激并通过各种"免疫递质"作为应答。病毒、细菌等抗原性刺激虽然不能为固定脑所感知,但免疫细胞在血液中不断流动,可以感知并发生相应的免疫应答,产生不同的免疫递质,介导不同的免疫反应。免疫递质主要包括单核因子和淋巴因子等细胞因子、促甲状腺素、胸腺素、促肾上腺皮质激素、内源性阿片样物质等。它们的作用主要为:作用于免疫系统本身,产生不同免疫调节效应;反调控内分泌系统和神经系统功能,维持机体自稳态。

因此,免疫系统不仅能防卫机体本身,还具有重要的感知和调节功能,与内分泌系统和神经系统一起互相配合,调控机体各项功能。

三、神经–内分泌–免疫网络

(一)构成

免疫系统、内分泌系统、神经系统三者之间存在共同的神经肽激素、细胞因子和共同的受体,相互交通和相互调节。三大系统最终通过共同交汇点循环血液和组织液完成内部调节和相互调节,既各成体系,又相互配合,构成完整的神经–内分泌–免疫网络。其工作方式为正反馈和负反馈,可精确调节、放大和整合效应,同时又具有自限性和级联反应等特点。

(二)运动时三大系统的网络整合作用

运动对于身体本身即是一种强烈刺激源。运动时,机体各系统、各器官会发生剧烈的变化,各种感受器和感觉器官接受这些变化后,产生各种传入性神经冲动,传到中枢神经系统,中枢神经系统进行综合分析后,一方面通过神经作用于靶器官引起运动,另一方面通过下丘脑神经分泌神经元,促使垂体激素输出,进而引起各靶组织代谢功能变化。

四、不同运动对免疫功能的影响

免疫功能是体质的代表性指标之一,是机体抵抗力的标志。运动与免疫的关系比较复杂,运动量和运动强度不同,对免疫功能影响也不同,并非只要运动必然有益。运动的量和强度适宜,可提高免疫功能,降低感染性疾病风险,而过度运动则抑制免疫功能。

中等强度运动比较适宜于提高机体免疫功能。进行中等强度运动时,抑制免疫功能的应激激素、炎症细胞因子、抗炎症细胞因子等,一些大强度运动的代谢标志物未见升高。即使是一次中等强度运动,也能对人体的免疫功能产生促进作用,降低机体感染的风险,还有可能使这种效果延长至较长一段时间。

大强度运动强烈抑制机体的免疫功能,可使淋巴细胞数量减少、增殖减弱,免疫球蛋白 IgA、IgG 和补体 C_3、C_4 含量下降,运动后的血浆儿茶酚胺和糖皮质激素浓度明显升高,鼻腔中性粒细胞吞噬作用和血液粒细胞氧化活性减弱,自然杀伤(NK)细胞毒性和 T 细胞功能降低,延迟性过敏反应降低,皮肤容易出现红疹等。

长时间高强度运动会使肌肉细胞受损,释放出炎症和抗炎症细胞因子,机体免疫系统产生细胞因子的能力降低,上呼吸道清除外部病原体的能力受损,抑制细胞免疫和体液免疫的反应过程。

五、运动免疫的两种理论

(一)"开窗"理论

这种理论主要认为:在高强度急性运动时,应激激素急剧升高,血流动力学发生急剧变化。淋巴细胞等免疫细胞快速动员进入血液,数量急剧增加,其亚群比例明显改变。在高强度急性运动后,淋巴细胞浓度、增殖分化能力、活性均降低,免疫球蛋白含量下降,功能也受到影响,此时出现免疫低下期。即使是一次急性运动,免疫低下期也可能持续 3～72 h 不等。此时,各种病毒、细菌、微生物等病原体非常容易侵入人体,疾病易感率升高。这段免疫低下期被称为"开窗期"。

(二)"J"型曲线模式

人体免疫功能与运动负荷、持续时间及运动强度等密切相关。不运动的机体是一种自然免疫状态;大负荷、高强度、长时间、高频度的运动,会强烈抑制免疫功能。两极之间,有一个适中的状态,运动负荷、运动强度、持续时间、运动频度优化组合,既有效提高身体功能,又有效提高免疫功能,提高身体对疾病的抵抗力。三者相比,形成一条类似"J"字形的曲线。

六、运动性免疫抑制现象的机制

神经、内分泌与免疫系统三者之间相互影响引起免疫抑制,原因非常复杂,与免疫增强类信息物和免疫抑制类信息物之间的相互平衡有关。

（一）神经系统

自主神经系统不仅影响器官与淋巴组织血流调控，而且影响淋巴细胞的分化、发育、成熟、移行和再循环。同时，自主神经系统还影响细胞因子和其他免疫因子的生成和分泌、免疫应答强弱和维持时间。

一般来说，交感神经兴奋引起抑制免疫效应，副交感神经兴奋引起免疫增强效应。另外，对于基本固定形式的运动刺激，免疫功能会形成基本固定形式的免疫应答方式。

（二）激素、神经递质等

对免疫功能具有重要调节作用的物质主要是激素、细胞因子、神经递质和神经肽。这些调节物质主要分为两大类：免疫增强类调节物质、免疫抑制类调节物质。

免疫增强类调节物质主要有生长激素（GH）、促甲状腺素（TSH）、三碘甲腺原氨酸（T_3）、催乳素（PRL）、乙酰胆碱（Ach）、β-内啡肽、褪黑激素、P物质等。

免疫抑制类调节物质主要有促肾上腺皮质激素（ACTH）、促肾上腺皮质激素释放激素（CRH）、糖皮质激素（GC）、生长抑素（SS）、孕激素、雄激素、血管活性肠肽（VIP）、人绒毛膜促性腺激素、儿茶酚胺（AC）等。

这两类调节物质一般情况下在机体内相互作用，维持正常免疫应答和免疫适应。但是，运动对于身体是一种特殊刺激，会使它们之间相互作用的力量发生根本性变化。与运动有关的应激激素生成明显增加，其余激素则发生抑制。大部分应激激素等调节物质为免疫抑制类，主要有ACTH、GC、AC、CRH、SS等，还有交感神经兴奋产生的免疫抑制效应，对免疫系统产生强烈的抑制作用。GH、PRL等分泌量增加导致的免疫增强效应远远低于免疫抑制效应，因此，运动时总体表现为免疫抑制。

（三）血糖浓度

运动时，血糖是骨骼肌的主要能源。尤其从事长时间高强度耐力性运动时，糖消耗速率极快，肝糖原的分解补充无法满足需求，导致血糖浓度降低。这种情况不仅直接影响运动肌的能量供应，还加强糖皮质激素的分泌，间接加强免疫抑制，同时，淋巴细胞的能源不足，机体免疫功能降低。

（四）氧自由基

自由基易与体内糖类、蛋白质、脂类、核酸等发生反应，损伤和破坏细胞功能和结构。运动期间及运动后较长一段时间，氧自由基会持续较高水平，不仅致使机体疲劳，还会攻击免疫细胞膜等，造成免疫损伤并抑制。运动后恢复期内的长时间免疫抑制，与较高水平氧自由基直接相关。

（五）免疫抑素等

免疫抑素具有较强的免疫抑制效应，由垂体前叶合成。运动等应激环境下，免疫抑素升高，血清中还出现多种免疫抑制因子，这些都可以抑制淋巴细胞白细胞介素-2（IL-2）生成，抑制淋巴细胞增殖，抑制机体免疫功能。

（六）谷氨酰胺浓度

淋巴细胞和巨噬细胞对于免疫应答很重要，为其提供能源的物质除了葡萄糖外还有谷氨酰胺，谷氨酰胺为免疫细胞供能的比例不亚于葡萄糖。

肌肉也是免疫系统代谢的重要组成部分，骨骼肌是生成和释放谷氨酰胺的主要部位，若肌肉生成谷氨酰胺不足，会影响机体的免疫功能。运动时，肌肉释放谷氨酰胺减少，导致血浆谷氨酰胺浓度下降，是运动性免疫抑制的其中一个重要因素。

短跑、举重等高强度间歇性运动中，血浆谷氨酰胺变化并不显著，但是在规律性长时间高强度耐力性运动中，血浆谷氨酰胺显著降低，这种情况与运动负荷相关。过度训练时，血浆谷氨酰胺会明显下降，同时易感率上升，伤病难恢复，免疫功能低下。

七、运动性免疫抑制的生理意义

运动中和运动后恢复期所发生的运动性免疫抑制对于维护机体安全具有重要的生理意义。

（一）保护性抑制

免疫抑制反作用于运动应激活动，机体便不能将全部能量与能力动员出来进行运动,以免应激反应过强影响机体正常生理功能。因此,免疫功能是必不可少的保护性抑制角色。运动应激反应持续时间越长越激烈,机体动员程度便会越大,免疫抑制程度也会越深越持久。免疫系统以此机制来保持反应适度,从而保护机体安全。

(二)功能状态的提示信号

长时间高强度运动负荷导致身体动员程度过强时,必然危害身体,此时,免疫功能降低作为机体无法再继续工作的"信号",实质上是提示机体应该"中止"运动了。在此类运动的恢复期这段时间,机体亟须一个"恢复期"来保护内环境免受急剧破坏,正如患病时需要卧床休息一样,此段时间免疫功能低下的原因正在于此。

如果机体尚未恢复,仍然坚持训练,会导致"过度训练"或"过度疲劳",这个时期的免疫功能也降至极低点,身体抵抗力下降,而易感率急剧上升。机体利用免疫降低要求强制性运动减量减强度,不惜以"害病"方式强行终止训练。

(三)反调控神经与内分泌系统

在整个运动过程及运动后,神经、内分泌和免疫三大系统目的一致,既实现运动应激又保护机体安全,但分工不同。神经、内分泌系统主要是尽最大限度动员机体完成任务,而免疫系统却以保护机体安全为己任。显然,运动时,神经、内分泌系统占优势,免疫系统只能通过白细胞介素等信息分子尽力降低 HPA 轴对自己的抑制效应。运动后恢复期,免疫功能占优势,利用免疫低下现象强令机体减低代谢促进恢复。

不同运动环境下,免疫增强与免疫抑制相互拮抗、相互平衡,其相互作用非简单叠加。运动性免疫抑制现象是感知机体信息后的保护性抑制,利于维持身体运动,保护机体安全。

八、调理运动性免疫低下的营养策略

国际上主要用营养补充调理免疫,我国除了利用营养外,还利用中医中药进行免疫调理。

（一）补充糖

补充糖免疫调理手段在国内外应用广泛,补充时间可以在运动前、中、后。运动前补充糖的时间不宜离运动开始时间过近,否则易引起胰岛素效应,导致运动时血糖降低。运动中补充糖要少量多次,浓度适宜。运动后补充糖应在运动结束后立刻进行,有利于保持血糖水平和糖原再合成,促进免疫功能恢复。运动员可多进食米饭、面条等,增加糖摄入。

（二）补充谷氨酰胺

谷氨酰胺为药物制剂,多在运动后补充。

（三）补充抗氧化物

补充抗氧化物可有效对抗自由基,有利于调理免疫功能,有助于加快消除疲劳,快速促进身体功能的恢复。常用的抗氧化物有维生素 E、维生素 C、胡萝卜素等。

（四）补充微量元素

补充铁、硒、铜、锌等微量元素,可保护细胞膜,促进功能恢复。

（五）中药调理

中医理论认为免疫功能降低主要由阴阳失调、正不压邪所致,调理思路基本是调整阴阳、扶正祛邪。利用补益法从补血、补阳和补气入手,提高机体免疫力。

（六）锻炼者自我管理

减轻训练之外的精神压力和生活压力,平衡膳食,均衡营养,避免劳累,起居规律,充足睡眠。感冒等生病期间,可轻微运动,重感冒必须待恢复后再开始大强度训练。

第六章

运动、营养与疲劳

运动健身和营养补充都是维持身体健康的重要因素。在运动过程中,人体会消耗营养物质,积累代谢产物,使运动能力下降,产生运动性疲劳。因此,在体育健身过程中,要适当补充营养以缓解疲劳症状,促进身体功能恢复,保持良好技能状态,提高机体的运动能力。

一、运动性疲劳

剧烈运动会引起机体工作能力降低,无法维持运动强度,经过适当调整休息后又能够恢复,这种现象被定义为运动性疲劳。运动性疲劳发生时,人体主观上感觉到不适,但是疲劳的感觉与真实疲劳程度并不完全一致,往往具有一定的心理因素,也会影响人体的运动能力。

运动性疲劳的机制有如下几种说法。

(1)"衰竭"说。认为某种供能物质消耗过多产生疲劳,比如运动引起的血糖降低,会引起运动性疲劳。补充糖后血糖浓度恢复,运动能力也随之一定程度恢复。

(2)"堵塞"说。认为骨骼肌内代谢产物累积过多引起运动疲劳,比如乳酸浓度增高可降低肌肉收缩能力。

(3)"内环境稳态失调"说。认为运动时脱水和血液 pH 值降低较多可导致电解质浓度和血浆渗透压发生变化,会引起疲劳。

(4)"大脑保护性抑制"说。

(5)"肌肉智慧理论说"。认为中枢神经系统最大限度维持肌肉收缩能力,以最经济的方式维持疲劳肌肉的激活状态,是一种"肌肉的智慧"。

(一)中枢疲劳的化学机制

1.5-羟色胺

中枢5-羟色胺(5-HT)可以减少动物摄食量,增进睡眠,抑制疼痛,强化抑制。运动时,大脑5-HT含量增加,可引起中枢疲劳。

在脑内,色氨酸先通过色氨酸羧化酶作用生成5-羟色氨酸,再经过5-羟色氨酸脱羧酶作用生成5-HT。5-HT不能通过血脑屏障,在脑内的合成量主要决定于血浆色氨酸进入脑组织的多少。一般情况下,大部分血浆中的色氨酸以与白蛋白结合的形式存在,游离状态的色氨酸仅有10%左右,仅有这部分游离状态色氨酸才能跨越血脑屏障进入脑组织合成5-HT。其影响因素主要为:①在通过血脑屏障时,转运色氨酸和支链氨基酸的是同一个载体,二者之间会发生竞争。②当脂肪动员加强时,血浆里的浆脂肪酸增多,浆脂肪酸与色氨酸竞争结合白蛋白,会导致游离性的色氨酸浓度增加,对游离色氨酸通过血脑屏障进入脑组织有促进作用。③糖有氧氧化增强会降低脂肪动员,血浆中的浆脂肪酸浓度降低,与白蛋白结合减少,更多色氨酸有机会与白蛋白结合,血浆游离色氨酸浓度降低,能通过血脑屏障进入大脑的相应减少。

进入脑组织的色氨酸数量跟游离色氨酸/支链氨基酸比值相关。机体安静状态下,血浆中的游离色氨酸含量比较低,支链氨基酸含量较高,能够进入脑组织游离色氨酸就会较少。当运动时,骨骼肌摄取和利用大量支链氨基酸,同时,血液浆脂肪酸浓度增加,竞争性结合血浆白蛋白,二者效果叠加,造成血浆游离色氨酸浓度升高,更多游离色氨酸进入脑组织,5-HT生成增加。

从理论上来讲,采取营养策略,改变血浆游离色氨酸/支链氨基酸比值,使比值下降,可以延缓中枢神经系统疲劳发生。现在采用的营养策略主要为两种方式:运动中补充糖或补充支链氨基酸。这两种方法在理论上均可降低游离色氨酸/支链氨基酸比值,使血浆游离色氨酸进入脑合成5-HT的可能性降低。

2.多巴胺

脑内多巴胺(DA)是中枢神经递质,可维持肌肉运动平衡、影响某些垂体激素分泌、参与一些与精神相关的活动,保持脑多巴胺的生成率可有效延缓疲劳。

3.氨

血氨浓度增加,可透过血脑屏障进入脑组织影响中枢神经系统功能。氨的作用较广,α-酮戊二酸是三羧酸循环中间产物,氨可与脑细胞中的 α-酮戊二酸结合生成谷氨酸,降低三羧酸循环功能,影响脑细胞糖有氧代谢。氨还大量消耗还原型辅酶Ⅰ,影响呼吸链递氢过程,影响 ATP 合成。当大量氨在脑中累积时,其清除主要靠星状胶质细胞内的谷氨酰胺合成酶使谷氨酸合成谷氨酰胺,谷氨酰胺是一种很强的细胞内渗透剂,可导致水分在细胞内积聚,造成细胞水肿。

4. γ-氨基丁酸

严重性运动疲劳时,大脑皮质 γ-氨基丁酸含量会增加,由于其是哺乳类动物中枢神经系统的主要抑制性神经递质,会对大脑产生抑制作用。

(二)中枢神经疲劳的生物学机制

中枢神经疲劳造成中枢神经系统冲动传到运动神经元减少。其原因主要有:减少皮质脊髓束下行冲动到达脊髓前角运动神经元;肌肉传入反馈的神经调节活动抑制脊髓前角运动神经元的兴奋性。

比如慢性疲劳综合征,表现为慢性无力性疲劳。在进行长时间高强度运动时,尽管患者具有正常的代谢、膜功能和兴奋-收缩耦联,其产生力量的能力很少。患者自觉很努力,但并未达到生理极限。因此,也被称为“努力综合征”。

二、外周肌肉疲劳机制

中枢神经系统发出运动指令,运动指令到达运动肌肉,肌肉收缩做功,这一系列生理生化过程,都可能跟运动性肌肉疲劳发生相关。

(一)乳酸盐、pH 值

运动时,主要表现在 2 型肌纤维中,糖无氧酵解产生乳酸盐,导致肌力损失。乳酸生成也会导致 pH 值下降,因此,乳酸盐增多和 pH 值下降多年来一直被认为是短时间高强度运动时肌肉疲劳的主要原因。

(二)ATP、PCr

肌肉收缩时,ATP 是唯一直接能源,ATP 含量变化易引起肌肉疲劳。PCr 是一种高能磷酸化合物,也是机体非常重要的一种能源,PCr 分解虽然不能直接为肌肉收缩供能,但可作为能量利用"缓冲剂"间接为 ATP 的迅速合成提供能量。高强度运动初期(10～20 s 内),PCr 浓度迅速降低,同时伴随着肌肉力量下降。

(三)Ca^{2+}、P_i

Ca^{2+}对于肌肉收缩活动非常重要,P_i能对肌质网释放 Ca^{2+}产生影响。

在安静状态时,绝大部分肌细胞质中的 Ca^{2+}储存于肌质网内。肌细胞膜在肌肉兴奋时会发生去极化,开放肌质网的 Ca^{2+}释放通道,肌质网终末池部位的 Ca^{2+}沿着浓度差扩散到胞质,使胞质内 Ca^{2+}浓度短时内迅速升高,触发肌丝滑行。

在疲劳状态时,Ca^{2+}浓度变化可能与 P_i有关。运动负荷后一段时间,P_i刺激肌质网 Ca^{2+}释放通道,释放 Ca^{2+}进入胞质,胞质内 Ca^{2+}浓度增加;P_i又抑制由 ATP 驱动的肌质网 Ca^{2+}回收;同时,P_i进入肌质网后,与 Ca^{2+}形成 Ca^{2+}-P_i沉淀物。P_i浓度变化甚至还可能影响横桥循环。

(四)膜电位、兴奋–收缩耦联

静息状态下,细胞膜两侧有电位差,成为膜电位。膜电位是动作电位的形成基础。机体在运动和电刺激条件下,肌细胞内 K^+浓度降低,细胞外液的 K^+浓度则升高,肌细胞的膜电位由-90 mV 下降到-60 mV,肌细胞膜部分去极化,导致不能够形成动作电位或者影响后续的动作电位幅度,造成肌肉疲劳。也有研究认为肌细胞膜部分去极化是一种"安全机制",能使细胞免于 ATP 耗竭和 Ca^{2+}的累积。

(五)糖

运动时,肌糖原的利用不仅跟运动强度大小有关,还具有肌纤维类型依赖性。

长时间耐力运动,强度为 60% 最大摄氧量时,脂肪酸为主要能源物质,肌糖原消耗未达耗竭,不能导致肌肉疲劳,此时的肌肉疲劳可能与体温升高、脱水或者厌倦等心理因素有关。强度为 90% 最大摄氧量时,虽然肌糖原利用大大增加,但运动时间持续较短,肌糖原含量仍然较高,不足以导致肌肉疲劳。强度为 65%～85% 最大摄氧量之间的中等和亚最大强度长时间运动,或者强度为 90% 最大摄氧量以上高强度间歇性运动,肌肉疲劳与肌糖原排空程度高度相关。

增加膳食糖摄入量可以提高肌糖原水平,保持运动中血糖相对恒定,改善耐力运动的成绩。

三、酸中毒与运动性疲劳的发生

大强度剧烈运动引起内环境变化,如氢离子浓度升高、pH 降低等,导致肌肉收缩力下降。激烈运动后肌乳酸浓度升高 25 ~ 30 倍,氢离子浓度升高有 94% 来自乳酸的电离,所以可以认为乳酸的大量生成与疲劳的发生有间接的关系。

运动性酸中毒对机体,尤其是骨骼肌具有多方面的影响,直接促使产生疲劳。大体表现在如下几个方面。

(1)干扰了高能磷酸盐的代谢;抑制了糖酵解;抑制了脂肪的水解和动员过程。

(2)降低了对 Ca^{2+} 的敏感性;引起细胞内 Na^+ 浓度升高、细胞外 K^+ 浓度升高,使每次肌肉收缩开始的动作电位幅度降低。

(3)由于乳酸及其他代谢产物的浓度迅速增加,肌细胞内液和细胞外液中渗透压增高,血液中的水分进入肌肉,肌细胞有时易出现肿胀及僵硬感。

(4)血液 pH 值降低引起大脑功能紊乱,出现恶心、呕吐、定向能力失调等症状及大脑皮层的保护性抑制,使心肌收缩力量减弱,冠状动脉血液供应减少。

(5)有机体内碱储备大量消耗,加上运动时胃肠道的血液供应量锐减,促胃泌素的分泌量又增加,易使运动员发生胃肠道糜烂和溃疡性病变、缺铁性贫血。

(6)使肌细胞等膜的通透性出现不同程度的增高。细胞膜及亚细胞结构膜系统的损伤可以引起细胞内酶,如肌酸激酶、乳酸脱氢酶、谷-丙转氨酶、谷-草转氨酶等释放到血液中。

四、运动中的猝死与预防

(一)运动中的猝死

马拉松是一项挑战生理和心理极限的运动,在世界范围内为众多人所青睐,然而却屡屡发生心脏猝死事件,不仅在跑步的途中,甚至在简单的体能测试中也会发生。

运动中猝死的原因多为心脏和血管异常病变。

运动时由于心输出量增加,心脏的负荷量增大。同时由于运动使心率增加,心脏的舒张期缩短,冠状动脉血流量减少,引起心肌供氧不足。与此同时,运动中突然血压下降,可减少回心血量而使心肌供氧不足。此时如果存在心脏病病史,如心脏瓣膜病、心肌炎、冠状动脉硬化、心脏先天性异常(心房和心室的开孔、冠状动脉异常)等,便可出现心室工作异常变化而发生突然死亡。

当心室进行快速搏动、冠状动脉血流量增加时,位于冠状动脉管壁上的沉淀物脱落于血流也可发生栓塞现象。

此外,如果动脉血管的某一部分存在先天性异常,如管壁薄弱或动脉硬化等问题,可使动脉管壁膨胀形成动脉瘤,当运动引起血压上升时可导致动脉血管破裂,最终可出现运动猝死。

(二)运动中猝死的预防

参加高强度运动锻炼,首先应进行以心血管系统为中心的医学检查,了解自己的身体健康状况。医学检查大致可以分为个人资料、医学诊断、运动负荷测试等部分。

1. 个人资料

(1)个人基本资料。包括姓名、性别、年龄、出生年月日、住址、职业。

(2)病史(过去和现在)。包括高血压、心肌梗死、脑卒中(脑出血、脑软化症)、心脏瓣膜病、肾病、肝病、甲状腺功能亢进、糖尿病、肺结核、胸膜炎、哮喘病、肺气肿、关节风湿病、颈痛、肩痛、腰痛、膝关节痛、外伤(骨折、扭伤、脱臼)等。

(3)症状问诊。是否容易感冒、常常呼吸不舒服、经常盗汗、血压高、头痛、身体感到不舒服,常常出现头晕、耳鸣,有过胸痛、脸和脚水肿,轻微活动就出现疲乏,最近有黄疸、胃痛,最近突然变瘦,各关节、肩、腰、膝和踝关节痛等。

(4)健康诊断。每天吸烟和饮酒的量。

(5)运动状况。过去与现在运动史和锻炼身体的习惯,一天中的运动时间和运动项目。

2. 医学诊断

(1)医生诊断包括视诊、触诊、听诊等。

（2）临床检查包括身高、体重、血压（收缩压和舒张压）、尿检、眼底检查（动脉硬化状况）、肺活量、时间肺活量、安静心动图、胸透、血常规（红细胞计数、白细胞计数、血红蛋白、红细胞压积、肝功能、血糖、血脂）、尿常规（肾功能）等。

3.运动负荷测试

单从安静状态判断运动时的身体状况是不科学的，应该采用运动负荷测试了解自己身体状况，确定是否可以实施运动处方。运动负荷测试诊断应在有相应设备的诊所或运动保健中心进行。

运动负荷测试是为了解本人是否能够参加体育锻炼而进行的测试，测试中的受试者运动时伴随着危险，因此在运动负荷测试前进行医生诊断非常重要。运动负荷测试采用的器材设备是台阶、功率自行车和跑台等，若受试者有以下情况，应立即终止测试。

（1）患感冒等传染性疾病。

（2）体温超过 37 ℃（腋下体温）。

（3）安静时心率超过 100 次/min。

（4）安静时血压超过 120 mmHg（平均血压＝舒张压+脉压/3）。

（5）是否喝过酒。

（6）是否睡眠充足。

（7）是否有规律的生活。

（8）是否有医生的许可（参考医学检查资料）。

第七章

运动、营养与心血管健康

运动时需要大量的氧气和营养物质,也需要排出二氧化碳等代谢产物,需要有一个强有力的循环系统。运动加强新陈代谢,改善血管弹性,增大心脏容积,促进血液循环,增强心功能,提高机体摄氧能力。

一、心血管系统

(一)心脏

心脏为循环系统提供动力。人的心脏大小类似于本人拳头,心脏外形类似桃子,心尖向左偏。心脏的位置在横膈之上、两肺间而偏左、胸腔中部偏左下方。心脏有左心房、左心室、右心房、右心室四个腔,主要由心肌构成。左右心房和左右心室均有间隔,互不相通。心室与心房之间有房室瓣,血液只能由心房流入心室,不能倒流。

心脏推动血液流动,向机体各器官、各组织提供充足血流,供应氧气和各种营养物质(如葡萄糖、蛋白质、水、无机盐、各种水溶性维生素等),并带走尿素、尿酸、二氧化碳等代谢终产物,维持细胞正常代谢功能。各种内分泌激素和其他体液因素,也需要通过血液循环运送到靶细胞,实现体液调节,维持机体内环境相对恒定。血液防卫功能、体温相对恒定等也都需要依赖心脏"泵"实现血液循环。

成年人心脏重约300 g。例如:安静状态下,人心脏跳动次数约为70 次/min,如果每次泵血70 mL,每分钟大约泵血5 L,如此推算,一个人一生心脏泵血所作的功,相当于将30000 kg重物向上举到喜马拉雅山峰顶。心脏搏动时,心肌有节律地进行收缩和舒张,收缩时推动血液从动脉流向全身,舒张时血液从静脉流回到心脏。因此,是心脏搏动推动血液流动,为血液循环提供动力。

由冠状循环血管为心脏提供营养,心脏有左右两支冠状动脉,起于主动脉起始部。右支主要分布于右心房、右心室、室间隔后部和左心室后壁。左支又分为降支和旋支两支,分布于左心房、左心室、室间隔前部和右心室前面。

(二)心率和脉搏

生命过程,心脏有节奏地收缩和舒张,规律跳动始终不停。一般来说,成年人心率为 60~80 次/min。儿童心率较快,9 个月以内婴儿可达 140 次/min 左右。

一般人安静心率平均 70 次/min 左右(60~80 次/min)。经常锻炼的人心率偏低。心率低于 60 次/min 称为心动过缓。运动员安静时心率缓慢,甚至只有 40~60 次/min,但搏动有力,这是由于长期训练,迷走神经紧张性增高的表现,大多数情况下是运动员良好训练状态的标志。安静时心率若超过 100 次/min,称为心动过速。发现运动员有心动过速时,需要进一步查找原因。

在触摸脉搏频率的同时,应注意血管的紧张度、充盈度和节律。心率正常情况下,动脉管壁光滑、柔软而富有弹性,搏动节律整齐。若心律失常,脉搏节律也会不整齐。

(三)血管系统

由左心室射出的血经大动脉、中动脉、小动脉进入毛细血管。血液由心室射出,由于动脉血管的弹性回缩、小动脉的外周阻力,使血液不断地流动循环。毛细血管的血流量少,但数量多、横截面积大,血流速度变慢有利于气体交换。静脉血管接近体表,血管壁薄,容易被挤压。为防止血液滞留和回流,静脉瓣膜发挥作用,在肌肉的挤压作用下,将血液不停地送回心脏。

(四)血液

血液由血浆和血细胞组成。血浆占血液的 55%,几乎是水构成的液体。血细胞由红细胞、白细胞和血小板所组成。正常男子红细胞正常值为 4~5×10^{12}/L,女子为 3.5~4.5×10^{12}/L。成人男子血红蛋白正常值为 120~160 g/L,女子为 110~150 g/L。进入血液中的氧绝大部分与红细胞中的血红蛋白结合为氧合血红蛋白,被运输到组织。在动脉血中 1 g 血红蛋白可结合 1.34 mL 氧,因此,100 mL 动脉血中氧含量大约 20 mL。在组织中氧被消耗,静脉血中氧含量减少。

动脉血与静脉血氧含量的差称为动静脉差,可作为反映各器官组织活动程度的指标。肌肉中的动静脉氧差在安静时为 5 mL/dL,最大运动时为 18 mL/dL。

运动时肌肉中产生大量的二氧化碳,大多数以重碳酸盐的形式存在,其他的与血红蛋白、血浆蛋白结合,通过静脉血运送到肺部后分解成二氧化碳排出体外。

血红蛋白与一氧化碳的结合能力很强,即使吸入少量的一氧化碳也可影响血红蛋白与氧的结合,且结合后不易分离,这就是造成煤气中毒的原理。

(五)氧的运输

人体获得氧的动力是氧分压,氧分压随吸入气体通过呼吸道进入气管、肺泡、动脉血和静脉血的结构顺序而下降。各气体在气体交换处,由各自的分压促使气体交换。在大强度运动训练后,机体产生运动性疲劳,如果适当地吸入高浓度的氧,可出现疲劳明显改善甚至消除的生理现象。因此,健身活动后吸入高浓度的氧具有一定的积极性作用。

(六)心输出量

每分钟由一侧心房或心室射出的血量称为心输出量,由心室每收缩一次所射出的血量称为每搏输出量。心输出量是由每搏输出量和心率所决定。随着运动强度的增加,每搏输出量和心率在一定范围内逐渐增加。在中等强度中,每搏输出量可达到最高值,随后以心率的增加来增加心输出量。安静时正常人的每搏输出量为 70 mL,心率为 70 次/min,则每分输出量约为 5 L。人的循环血量大约 5 L,安静时全身血量在 1 min 内可在全身循环 1 次。

心输出量受不同姿势的影响,坐位姿势的心输出量要比卧位姿势少 2 L/min 左右,而站位姿势的心输出量较前两种姿势均少。其原因是重力作用使得由下肢的回心血减少。由于下肢的静脉回流滞留,站立时的股动静脉氧差增加。长时间卧床不起容易引起脑贫血,其原因就是心输出量减少。

身体姿势由卧位转入站位时,重力作用对心血管系统产生了上述作用,为了避免其对心血管系统影响,血管的运动神经活动性加强,腹部、脚部的血管紧张性增强,从而减少了这些部位血液和淋巴液的蓄存量,循环系统得到调节,血管变狭窄而使血液充分回流,以保证正常的心输出量。当人站立时,血液在腹部滞溜,而回心血减少,因此,长时间站立后,心输出量减少,即使心率增加也不足以满足正常心输出量水平,产生头晕、眼花和呼吸不适等现象。当出现心率加快刺激呼吸不适,可通过呼吸的调节(如呼吸短促),使机体获得氧,促使血液回流,减轻身体不适现象。

此外,骨骼肌的收缩有助于挤压静脉血管,促进静脉回流。在静脉血管中有瓣膜(肌肉泵),可以防止血液倒流,使血液向心脏方向流动。当人站在漫过踝部的水中,水的压力使踝部的毛细血管中蓄积的血液减少,回心血增加,人会产生舒服的感觉。

人体在激烈跑步后突然停止运动,就会感到头晕、眼花甚至晕倒。其原因是人在进行激烈运动时,血液重新分配,使全身大部分血液集中在活动的骨骼肌中,当突然停止运动时,肌肉的挤压作用消失,加之重力作用使回心血减少,导致心输出量减少,引起大脑缺氧、视网膜缺血,使人体产生头晕、眼发黑以致晕倒,这种现象称为"重力休克"。因此,在激烈运动结束后不要突然停止运动,应该慢慢减低速度。所谓运动结束后要进行整理运动,调整呼吸,其目的就是防止出现"重力休克"现象。一旦出现"重力休克"现象,应该继续进行小运动量的活动,或平躺仰卧,有利于血液回心。因此,保持健康的体力可加强机体对于站立姿势循环功能的调节能力。

(七)血压

血压是指由心脏射出的血液对主动脉管壁的侧压。主动脉管壁的弹性、心脏收缩力大小、小动脉管壁的弹性(外周阻力)以及血流量的变化是形成动脉血压的主要因素。由于小动脉血管的阻力大,血流较慢,血压急速下降,脉搏逐渐减少形成稳定血流。静脉系统的血压较小。正常人收缩压为90~120 mmHg,舒张压为60~90 mmHg。

血压的高低不仅与心肌收缩力、每搏输出量、外周血管阻力及血液黏滞度等因素有关,而且还和年龄有关(表7-1)。随着年龄增长,血管壁的弹性减小,硬度增加,所以老年人的血压都比较高,一般收缩压为95~160 mmHg。如果收缩压超过140 mmHg,或者舒张压超过90 mmHg,则称为高血压。收缩压低于90 mmHg,表示血压过低。

表 7-1　不同性别、年龄血压的平均值　　　　　　　　单位:mmHg

性别		年龄/岁						
		15～19	20～29	30～39	40～49	50～59	60～69	70 以上
男子	收缩压	118.1	123.0	128.0	132.5	139.7	145.7	146.6
	舒张压	68.3	74.0	80.2	83.7	85.8	85.5	81.8
女子	收缩压	109.5	112.5	116.4	127.6	137.4	143.4	148.6
	舒张压	66.1	67.9	72.5	78.4	83.1	83.7	81.1

1. 影响血压的因素

(1)心脏的收缩力。心脏的收缩力主要看心输出量,心输出量增加可加快血流速度,使血压增加。

(2)血管阻力。当血管阻力增加时,血压如果不增加,血流就不能通过末梢毛细血管。血管阻力增加的原因主要有寒冷时血管收缩内径变细、动脉硬化血管弹性下降、血管内粥状物堆积、血管内出现凹凸现象等,均可导致血管内径变细,血压上升。

(3)血液水成分减少。由于血液水成分减少,红细胞浓度增加,血液和血管之间的摩擦阻力增加,导致血流阻力增大。比如运动时大量出汗、脱水等,都可造成血液水成分减少。在海拔水平面训练,红细胞数量几乎不变,而进行高原训练时可使红细胞数量增加,导致血流阻力增加。

(4)过量摄取盐。过量摄取盐且大量饮水后,血液量增加可导致血压上升。

(5)外界因素。主要包括环境、气候、食品等。

(6)主观因素。主要包括情绪、心理等。

2. 运动对血压的影响

通常在全身的运动中,心输出量增加引起血压上升,这是由于脾脏的收缩使血液重新分配,循环血量增加,交感神经兴奋,肾上腺素分泌,血液内环境发生变化。

在一定范围内,运动强度越大,心输出量越多,血压上升也更明显。

在人体血管未发生动脉硬化时,血管的弹性大,运动时心室射出的血量增加,使主动脉管壁膨胀,动脉血管的弹性回缩力将血液流动的能量由动能转变为势能储存在管壁中,缓冲了动脉血管的膨胀力,使收缩压不至于上升过高。

若血管出现动脉硬化现象,血管的弹性下降,在心输出量增加时可导致血压升高。中年男子血压增高现象比女子明显,其原因是中年女子的动脉硬化发生率比男子低。

二、儿童青少年的运动与心血管系统

从绝对值来看,儿童青少年心脏重量和容积比成年人小,但从与体重的比值相对来看,与成年人接近。儿童青少年的新陈代谢比较旺盛,心率较快,但是心率随着年龄增加减慢,到19岁左右基本趋于稳定。心输出量与体重比值比成年人大,但是由于儿童青少年心脏发育和整体发育尚未成熟,运动强度不宜过大,不宜过多练习憋气和静力性练习,以免心脏负担过重,导致缺氧疲劳。

儿童青少年血压随年龄增长增加,血压增长较快的阶段主要在青春期后,这一阶段心脏发育迅速,个别可出现"青春性高血压",收缩压超过正常标准。我国7~17岁青少年,男性高血压发生率为1.4%,女性为0.6%。因此,儿童青少年从事体育运动训练的时候,要以发展有氧能力为主,运动强度要适当。

我国有学者提出,体育课基本部分适宜运动量应增加到本人最大吸氧量的60%~70%,心率掌握在125~155次/min,课后10 min内恢复正常。运动中自我感觉良好,无面色苍白和眩晕现象。

日本学者提出中小学生体育课的运动平均心率以130~170次/min为适宜。如果心率在130次/min以上的时间占体育课时间的1/2以上,为运动量合适。如果在1/3以下,则为运动量过小。

关于"青春性高血压"问题,如果不是高血压病,仅单纯性血压增高,又无异常自觉症状,一般多在青春期过后恢复正常。如果有头晕、头昏等不良自觉症状,则应避免激烈运动,定期观察。适当的体育活动能提高心血管功能,改善血压增高产生的不良感觉。

三、老年人的运动与心血管系统

老年人心肌萎缩收缩能力减弱,脂肪沉着,结缔组织增生,代偿功能降低,心输出量减少,粥样硬化斑块形成增加,血管弹性下降、管腔狭窄,阻碍血流,血压上升,心脏负担加重。

体育锻炼能使老年人心肌兴奋性增高、收缩力加强,同时扩张冠状动脉改善心肌血流,提升心肌营养和氧利用能力,心功能也会加强。体育锻炼还能降低老年人的血脂,降低老年人心血管疾病发病率,减慢血压随年龄增长的增速。

四、运动心脏

运动心脏是经常从事运动的人群特有的高功能、高储备大心脏。

(一)运动心脏的形态和功能

运动心脏的主要形态改变为运动性心脏肥大,肥大可以发生在左心室和右心室,或者是心房,但是以左心室肥大为主。运动心脏的肥大程度与运动的强度和持续时间有关,通常来说,运动员心脏肥大为中等程度,其重量一般不超过 500 g。运动心脏肥大跟运动项目类型相关,耐力项目运动员一般以心腔扩大为主,同时也伴有心壁增厚;对于力量类的项目,运动员心脏以心壁增厚为主。

心脏肥大的运动员,其心功能也会改变。安静状态时,通常心率会减慢到 40~50 次/min,甚至对于优秀的耐力性运动员,其心率可达 30 次/min。运动员的每搏输出量明显增加,但是总的心输出量变化不大。因此,运动员心脏在安静状态下表现为能量节省化状态,心肌耗氧和耗能较低,有较大的心力储备。运动时,可充分动员心力储备,心率增快到 180~200 次/min,收缩时排空较好,回心血量增加,心脏泵血功能明显增强,每搏输出量和心输出量可明显增大到安静状态的 8~10 倍。但是,一旦停止运动,运动员心脏结构和功能发生的适应性改变可恢复到常人水平。

(二)运动心脏的微观特征

运动性心脏肥大时心肌细胞内的超微结构可发生系列重塑,高尔基体、粗面内质网、心房特殊颗粒、线粒体增多,且功能活性增强。肌原纤维也会增多,核糖体和糖原增加,肌质网和横管系统发达。

这些心肌超微机构改变,使运动心脏内分泌功能增强,心肌有氧氧化能力增加,能量产生增多。但是,过度训练会造成心肌超微结构损伤,不仅影响运动心脏的功能,还影响运动心脏的发展与回归。

（三）运动心脏的内分泌功能

心脏不仅仅是循环动力器官，还分泌多种生物活性物质和心源性激素，是重要的内分泌器官。

心脏能产生心钠肽、脑钠肽、抗心律失常肽、内源性洋地黄素、肾素-血管紧张素和心肌生长因子等心源性激素，还产生内皮素、内皮因子、血小板活化因子、血管紧张素转化酶、各类生长因子等心血管内皮细胞源性激素，以及产生儿茶酚胺、降钙素基因相关肽、乙酰胆碱、速激肽、神经肽酪氨酸、阿片肽、血管活性肠肽等心脏神经递质。

这些神经内分泌激素，也称为心血管调节肽，调节心血管的功能代谢和生长发育。

（四）运动心脏与病理心脏的本质区别

肥大的运动心脏中，交感神经支配和交感神经递质水平适应，心肌纤维增长与其毛细血管增长适应，心肌细胞核亚细胞结构重塑与其氧化代谢功能适应，与兴奋-收缩耦联过程相关的收缩蛋白表型、细胞内钙、心肌收缩结构钙等相适宜，神经内分泌功能重塑利于自身结构与功能协调发展。因此，运动心脏结构与功能适应性重塑使其功能储备良好，能胜任运动时能量代谢需求。

病理心脏中，形态结构重塑并不能与其功能代谢相匹配，病理心脏进行性肥大，交感神经增长赶不上心脏肥大增长，毛细血管增长也赶不上心肌纤维增长，细胞和亚细胞结构重塑赶不上代谢需求，收缩蛋白表型重塑等也赶不上兴奋-收缩耦联偶联过程需求。病理心脏是进行性发展，不可逆转，这正是运动心脏与病理心脏的根本区别。

五、运动、营养与高血压

（一）高血压

高血压病因复杂，是一种慢性的终身性的疾病。长期高血压，心、肾、脑、眼底等重要组织器官都会受损。肥胖、高脂血症、糖尿病、吸烟等都可导致高血压或者心肌梗死、脑卒中等心脑血管疾病，危及生命。

目前医学界将高血压分为两种类型,一种类型为继发性高血压,是由某些疾病和原因引起的高血压,只占高血压的很少一部分。另一类称为原发性高血压,绝大多数高血压患者属于原发性高血压。高血压的发病与高盐饮食、肥胖、过量饮酒、吸烟、年龄增长,以及遗传等因素有关。年龄增长和遗传是人们无法控制的因素,而高盐饮食、肥胖、过量饮酒和吸烟等不良生活方式,则是可以改变的。纠正这些不良生活方式,不但有利于控制高血压,而且可以降低发生心脑血管疾病的危险性。

1. 中国成人高血压患者血压水平分级

推荐我国成人高血压患者按血压水平分为:1 级[收缩压 130 ~ 139 mmHg 和(或)舒张压 80 ~ 89 mmHg]和 2 级[收缩压≥140 mmHg 和(或)舒张压≥90 mmHg]。

2. 血压测量最佳时间

血压在一天之内不是平稳不变的,而是有规律地波动。一般在早晨 6 ~ 10 时最高,凌晨 1 ~ 3 时最低。因此,自我测量血压时间最好在早晨 6 ~ 9 时和晚上 6 ~ 9 时。

3. 高血压的信号

由于高血压具有很强的隐蔽性,人们有时可能不会对其感到任何的不适,所以它又被称为"无声杀手"。高血压典型的症状有头痛、头晕、失眠、胸闷、气短、嗜睡、颈部僵硬感、眼胀、注意力不集中、记忆力下降等;在出现相关器官组织(包括脑、心、肾、眼底等)动脉硬化或功能损害时,可出现相应症状,如步态不稳、肢体无力、口角歪斜、呛咳、反应迟钝、心绞痛、喘憋、平卧困难、水肿、视物不清等。

4. 高血压的治疗

(1)长期治疗。高血压是一种慢性疾病,高血压患者必须坚持长期规律用药。

(2)早期治疗。要早期发现并足够重视血压偏高,积极进行非药物或药物治疗。

(3)综合治疗。积极干预心血管疾病的危险因素,改变不良生活习惯,调整饮食结构,限盐、戒烟、戒酒等,积极进行运动锻炼,主动了解防治高血压、心血管疾病的知识。

(4)药物治疗。目前临床上有 5 类常用抗高血压药物:利尿剂、血管紧张素转化酶抑制剂、β 受体阻滞剂、血管紧张素 II 受体拮抗剂、钙通道阻滞剂。

（二）营养与高血压

1. 高盐饮食与高血压

膳食中钠盐的过量摄取与人群血压水平和高血压的患病率密切相关。当过量的钠进入血液以后,血液中的钠浓度快速升高,这时血管外肌肉组织中的水分会大量进入血管内,补充到血液中,血液总量增加,血液对血管壁的压力也随之增大,即血压升高。

人体正常情况下每日排出的钠盐为 3～4 g,所以每日钠盐的摄入量最高不应大于 6 g。据国家卫健委公布的数据,中国南方人群和北方人群每日钠盐摄入量分别为 7～8 g 和 12～18 g,这也解释了为什么北方人群高血压患病率高于南方人群。过量摄取钠盐有百害而无一利。

2. 高能量饮食与高血压

糖类是人体热能的主要来源,但热能摄入过多,人体会将过剩的能量储存下来,合成脂肪,使血脂升高,这样就会影响血液循环并损伤血管壁而形成高血压。高糖类饮食还会导致肥胖,而肥胖者大多伴有高血压。有报道对 10940 名高血压患者进行调查,发现 60% 的患者超重 20% 以上,超重是高血压的危险因素。所以,高血压患者,特别是肥胖性高血压患者,应限制糖类的摄入量,并应适当运动,减轻体重,以消耗多余的能量。

脂肪摄入过多,使大量的脂肪沉积在血管壁,造成血管腔变窄,使血压增高。同时,脂肪摄入过多可引起肥胖,肥胖又使血压进一步增高。高血压可导致冠心病,高脂膳食易致动脉粥样硬化,因此,要想使高血压得到有效防治,就不要摄入过多动物性脂肪及胆固醇。

3. 食物与药物之间相互作用与高血压

服用单胺氧化酶抑制剂药物期间食用高脂食物可加剧高血压。单胺氧化酶抑制剂有优降宁、甲基苄肼、苯乙肼等。单胺指的是分子结构中含有一个氨基者,体内的儿茶酚胺类(去甲肾上腺素、多巴胺)、5-羟色胺、组胺以及酪胺均属于单胺,食物中的乳酪含较多的酪胺,香蕉含较多的 5-羟色胺、酪胺及多巴胺。

正常情况下,体内的单胺可以被单胺氧化酶所分解,不至于引起血压升高,但在服用单胺氧化酶抑制剂同时,食用大量香蕉和奶酪,从食物中摄入体内的单胺则得不到氧化分解,在体内过多地蓄积,便会引起血压升高。如果服药患者本来就有高血压,则会加剧高血压。

(三)高血压患者锻炼期的膳食营养安排

高血压患者锻炼期间的膳食营养安排应遵循如下原则。

1. 热量摄入与消耗平衡

由于运动增加身体的能量消耗,同时促进了患者的食欲。因此在安排每日膳食营养时,要注意膳食中能量物质的摄入,制定每日应摄取的总热量,科学进行计算,使摄入与消耗的热能达到平衡。

2. 少食高胆固醇食物

高血压患者运动锻炼后应该少食高胆固醇食物,如蛋黄、动物的皮和肝。因为胆固醇容易吸附在血管壁,造成血管狭窄,引起血压增高。

3. 食用优质蛋白食物

在运动锻炼中,由于蛋白质分解加速,运动后需要补充优质蛋白质,故膳食中应增加优质蛋白,如:牛奶、瘦肉、鸡蛋、海产品等;要多吃鱼类、大豆等,鱼类蛋白和大豆蛋白可降低高血压和脑卒中的发病率。对血尿素氮升高者,要限制蛋白的总摄入量,以免造成肾负担加重,不利于高血压患者的健康。

4. 多食富含纤维素的食物

运动后由于食欲增加,经常造成进食量增加,锻炼后多食纤维多的食物,如海带、紫菜等。膳食纤维不被小肠消化吸收,但能带来饱胀感,有助于减食、减重,同时能延缓糖和脂肪的吸收。可溶性膳食纤维(如谷物、麦片、豆类中含量较多)能吸附肠道内的胆固醇,有助于降低血糖和胆固醇水平。

5. 多吃蔬菜、水果,增加钾、镁、钙等无机盐的摄入

高血压患者在运动锻炼时消耗了部分无机盐,故应该在锻炼后加以补充,但应该补充低钠的膳食。高血压患者在接受低钠饮食治疗时辅以高钾食物,可增加降压效果,故高钾、低钠饮食对高血压的防治十分重要。高钾伴低钠的食物有豆类、玉米、腐

竹、芋头、竹笋、荸荠、苋菜、柿饼、花生、核桃、杏仁、香蕉等。镁离子也可产生降压效应,故应适当增加镁的摄入。高镁伴低钠的食物有各种鲜豆、干豆、豆芽、荠菜、菠菜、苋菜、桂圆、香菇等。关于高钠引起的高血压效应,钙对其具有拮抗作用,有助于降低血压。使用利尿药时易引起电解质紊乱,更应注意调整食物中的钠、钾、镁含量。

6. 少吃多餐

高血压患者运动锻炼后,应该避免大吃大喝,提倡少吃多餐,每顿少吃,多吃几顿,总量不变。这样的方法,可保证在餐后血糖不会升得太高。根据生活习惯、病情、运动锻炼情况和配合药物治疗的需要,可按照每日三餐分配为 1/5、2/5、2/5 或 1/3、1/3、1/3,也可按 4 餐分配为 1/7、2/7、2/7、2/7。少食多餐可控制餐后血糖水平,据国外大型调查研究显示,餐后高血糖对动脉的损害程度比餐前高血糖更大。

7. 注意晚餐时间

高血压患者在运动锻炼期间,吃晚饭的时间不要太晚,晚饭吃得太晚后缺少必要的运动,进食食物中的热量来不及消耗就转化成脂肪储存起来。这样对高血压患者是有害的。

8. 严格限盐

高血压患者锻炼期间,每日膳食中一定要限制钠盐的摄入量。尽管运动中消耗了一部分钠盐,但是运动后也应该避免过量食入钠盐,每日减少盐的摄入量往往能使高压下降,尤其是轻度的早期患者。

9. 忌食高糖类等高能量食物

对于高血压合并糖尿病的患者运动锻炼期间一定要忌食高糖类的食物,如葡萄糖、蔗糖、蜜糖类制品,如各种糖果糕点、含糖饮料及冰淇淋等;少食淀粉含量高的食物,如土豆、白薯和山药等。

10. 可选择食用低糖水果

高血压合并血糖控制不佳者在运动锻炼期间可选择食用低糖水果,这类患者可能有水溶性维生素及无机盐的过量丢失,应补充新鲜的含糖量低的水果和蔬菜,如草莓、番茄、黄瓜等;不要吃含糖量较高的水果,如哈密瓜和红果。通常在两餐之间或睡前 1 h 食用,也可选在饥饿时或者锻炼之后食用。一般情况下,对于高血压合并血糖控制稳定的患者,在其锻炼期间,可以吃含糖量低的新鲜水果,每天150~200 g比较适宜。

11. 可食富含维生素的食物

某些维生素,尤其是B族维生素和维生素C,对改善脂质、维持血管系统的结构和功能均有好处。由于运动锻炼会造成上述维生素的消耗增加,因此在运动锻炼期间要增加B族维生素和维生素C含量较高食物的摄取,可多食用小白菜、油菜、芹菜、莴笋叶、橘子、青枣、柠檬等食物。

12. 戒烟限酒,适量饮茶,多吃能降血压的食物

运动可以造成血压的变化,运动后大量饮酒引起血压进一步升高,故运动后应该限酒,绝对不能饮烈性酒。茶叶中除含多种维生素和微量元素外,还含有茶碱和黄嘌呤等物质,有利尿、降压作用,故运动后应该适量饮茶。能降血压的食物有芹菜、胡萝卜、番茄、荸荠、黄瓜、冬瓜、木耳、海带、香蕉、橘子、苹果、西瓜等,锻炼后可多食。

六、运动、营养与高脂血症

(一)高脂血症

随着人们生活水平的提高,饮食结构发生了根本的变化,不良的饮食习惯也越来越多,暴饮暴食,高脂肪、高蛋白质饮食,加上运动量的减少,使能量在体内逐渐堆积,血脂逐渐升高,脂肪代谢或运转出现异常,演变成高脂血症,导致了一系列疾病,如动脉粥样硬化、脑血栓、脑卒中等,严重威胁着人类身体健康和生命安全。据不完全统计,目前我国高脂血症的发病率在25.3%左右,而且发病人群越来越年轻化。在各种严重威胁着人们健康的因素中,它的排名仅次于高血压。目前已经公认的高脂血症包括高甘油三酯血症、高胆固醇血症,或者两种都高。

高脂血症常常比较隐匿,逐步、全身性地损伤机体,常常加速全身动脉粥样硬化,诱发心肌梗死、冠心病、脑卒中等。还能诱发高血压、糖尿病、肝硬化、脂肪肝、胰腺炎、胆石症、高尿酸血症、眼底出血等。

1. 血脂正常值

血脂正常值见表7-2。

表7-2　血脂正常值

类别	成年男性正常值	成年女性正常值	增高
总胆固醇	2.90～5.70 mmol/L	2.90～5.70 mmol/L	>5.72 mmol/L
甘油三酯	0.56～1.70 mmol/L	0.56～1.70 mmol/L	>1.70 mmol/L
高密度脂蛋白胆固醇	1.14～1.76 mmol/L	1.22～1.91 mmol/L	
低密度脂蛋白胆固醇	1.30～3.10 mmol/L	1.30～3.10 mmol/L	>3.10 mmol/L
载脂蛋白 a	0.96～1.76 g/L	1.04～2.04 g/L	
载脂蛋白 b	0.43～1.40 g/L	0.42～1.40 g/L	

2.高脂血症的分类

高脂血症被分为4类,见表7-3。

表7-3　高脂血症的分类　　　　　　　　　　　单位:mmol/L

类别	总胆固醇含量	甘油三酯含量	高密度脂蛋白胆固醇含量
高胆固醇血症	>5.72	<1.70	
高甘油三酯血症	<5.72	>1.70	
高低密度脂蛋白胆固醇血症			
低高密度脂蛋白胆固醇血症			<9.0
混合型高脂血症	>5.72	>1.70	

3.高脂血症患者的症状

轻度高脂血症患者一般没有不舒服感觉,其症状较为隐匿,定期检查很重要。

中度高脂血症患者一般会感觉疲倦、头晕、失眠、胸闷等,常常伴随超重与肥胖。

较重高脂血症患者会感觉到头痛、头晕、胸闷、心悸、气短、肢体麻木乏力,甚至口角歪斜、说话不清等,最终会引起脑卒中、冠心病等。

长期血脂高的患者,可出现动脉粥样硬化,发生心肌梗死、脑卒中、心绞痛和间歇性跛行。

少部分高脂血症患者出现眼底改变和老年环。

4.高脂血症的治疗

加强体重管理,严格选择胆固醇含量低的食品。比如豆制品、蔬菜、海蜇、瘦肉等,减少胆固醇吸收。

做菜尽量以煮、蒸、凉拌方式为主,少放油,少吃烹炸食品。

糖可使血浆中甘油三酯浓度增加,应限制甜食摄入。

加强体育锻炼,增加热能消耗,增强机体代谢,提高酶活性,尤其是需要提高脂蛋白酯酶的活性。

长期饮酒会刺激肝脏合成内源性甘油三酯增多,低密度脂蛋白的浓度也会增高,进而引起高胆固醇血症。嗜烟可使冠心病的发病率和病死率比不吸烟者增加2~6倍。紧张和过度兴奋都可以引起胆固醇和甘油三酯含量增高。

如果上述方法不能有效控制高脂血症,应及时看医生,增加药物治疗。

(二)营养与高脂血症

1. 脂类

摄入脂肪的脂肪酸构成比例对血脂影响较大。如果脂肪供给量超过一日总能量需求的30%,高脂血症患病率和并发症就会显著增加。膳食营养中的饱和脂肪酸可使血清胆固醇升高,而多不饱和脂肪酸可使血清胆固醇降低。

(1)饱和脂肪酸具有很强的升胆固醇作用,升高低密度脂蛋白胆固醇(LDL-C),降低高密度脂蛋白胆固醇(HDL-C)。

(2)多不饱和脂肪酸是碳链长度为18~22个碳原子的直链脂肪酸,含有两个或者两个以上的双键。主要有ω-3、ω-6,ω-3的母体脂肪酸为α-亚麻酸,ω-6的母体脂肪酸为亚油酸,二者不能自体合成,必须通过食物获取,是人体的必需脂肪酸。

ω-3不足易导致大脑和心脏等重要器官障碍。ω-3多不饱和脂肪酸中,两种对人体最重要的不饱和脂肪酸是EPA和DHA。EPA俗称"血管清道夫",能够清理血管中的垃圾胆固醇和甘油三酯。DHA俗称"脑黄金",能软化血管、改善视力、健脑益智。

ω-3多不饱和脂肪酸的主要来源是鱼油,鱼油含有丰富的EPA和DHA。深海鱼油中ω-3约占鱼油总脂肪酸的1/4,能降低甘油三酯水平。EPA具有抗凝功能,可防止动脉粥样硬化形成。服用鱼油可同时服用维生素E,防止脂质过氧化。

(3)单不饱和脂肪酸主要为油酸,只有一个不饱和键,在橄榄油、茶油中含量比较高,能清除LDL-C和TC,还能抗血小板凝集、升高HDL-C。

（4）膳食胆固醇摄入量与血脂正相关。一般来说,高饱和脂肪酸与高胆固醇往往同时存在,因此应限制胆固醇摄入量。

2. 糖类与膳食纤维

高糖膳食,尤其蔗糖和果糖,易引起血中 HDL-C 下降,TG 升高,形成高脂血症。当蛋白质缺乏时,过量摄入糖类极易在肝中转化为 TG 并累积,形成高脂血症和脂肪肝。

膳食纤维结构也是糖类,但是不能被人体消化吸收利用,能降血脂,可溶性膳食纤维降脂效果稳定,比如瓜尔豆胶、果胶、燕麦等;不溶性效果较差。

3. 其他食物成分

木耳和香菇能降胆固醇和甘油三酯,木耳还抗凝血;大蒜和洋葱可使血纤维蛋白和胆固醇下降,洋葱还富含天然抗氧化物质黄酮;茶叶含有抗氧化作用的茶多酚,能降低血液胆固醇、血压,以及预防动脉硬化;海带和一些藻类,除了含有镁、碘等元素外,还含有褐藻淀粉、昆布氨酸、昆布多糖等,具有明显的降血脂、抗血凝、抗氧化作用,螺旋藻即有此类保健功效。

（三）高脂血症患者锻炼期的膳食营养安排

高脂血症患者,在锻炼后,其主食应以米、面、粗杂粮为主,因其富含维生素、无机盐、膳食纤维,膳食纤维能降血脂和血糖。长期饮用苦荞茶,不易上火,对降低高血糖、高血压、高脂血症有食疗作用。其蛋白质来源以大豆及豆制品为好,富含优质蛋白质,不含胆固醇,能降低血脂。含糖和脂肪少的蔬菜用水煮后拌着吃,因其含膳食纤维多、热能低,有饱腹感,高脂血症患者锻炼后食用效果较佳。高脂血症患者锻炼后不要食用红糖、白糖、葡萄糖、糕点、蜜饯、甜饮料、冰淇淋等,少食用含糖类较多的山药、土豆、藕、胡萝卜等。可用植物油替代动物油,尽量不吃花生、芝麻、核桃、瓜子等。少吃胆固醇含量高的动物内脏和蛋黄,禁酒或尽量少饮酒。可以摄入银杏,预防动脉硬化,防止形成血栓。

第八章

运动、营养与糖尿病

饮食和运动是糖尿病治疗的两大基石,缺一不可。做到饮食和运动科学合理,并使二者达到和谐统一,才能使体重达到并长期维持在一个理想水平,这样才有利于降低血糖、血压,调整血脂,避免或延缓各种并发症的发生。规律运动可防止肥胖,提高骨骼肌胰岛素敏感度,是预防与治疗 2 型糖尿病的最佳方式。

一、糖尿病的发病原因

在自然老化过程中,人体对糖类的吸收能力是随着年龄下降的,下降趋势因人而异。糖尿病患者是人体糖类吸收能力最差的人群。由于血液中的葡萄糖很难被身体吸收,糖尿病患者的血糖水平比一般人高。

糖尿病病因有 2 种:一种是 1 型糖尿病,胰岛细胞受损,胰岛素无法分泌,这种情况较少;另一种是 2 型糖尿病,胰岛素敏感度下降,大部分患者为此型糖尿病。

正常生理状态下,人体进餐后,胰腺释放出胰岛素,正常动员肌肉细胞内部的葡萄糖转运蛋白 4(glucose transporter type 4,GLUT4)快速把葡萄糖转入细胞内部吸收利用或储存。糖尿病患者由于无法分泌胰岛素,或者身体对胰岛素不敏感,无法把细胞内的 GLUT4 动员到细胞膜表面运输葡萄糖,因此无法正常吸收利用或储存葡萄糖。

肌肉组织是餐后身体吸收葡萄糖的主要位置,因此该组织胰岛素敏感度对于全身血糖控制非常重要,提升肌肉组织的胰岛素敏感度,是防治糖尿病的重要策略。2 型糖尿病与肥胖高度相关,机体脂肪组织三酸甘油酯储存状况也是影响胰岛素敏感度的重要因素。

二、糖尿病治疗的两大基石:饮食+运动

(一)2型糖尿病的营养治疗

营养治疗是防治糖尿病及其并发症的重要手段。对糖尿病或糖尿病前期患者,采取特殊干预措施全程管理,包括个体化营养评估、营养诊断、制定相应营养干预计划,并在一定时期内实施及监测,有助于维持理想体重及预防营养不良。

1. 能量

对于所有超重或肥胖的糖尿病患者,应调整生活方式,控制总能量摄入,至少减轻体重5%。建议糖尿病患者能量摄入参考通用系数方法,按照 105～126 kJ(25～30 kcal)·kg^{-1}(标准体重)·d^{-1}计算能量摄入。不推荐糖尿病患者长期接受极低能量(<800 kcal/d)的营养治疗。

2. 脂肪

应尽量限制饱和脂肪酸、反式脂肪酸的摄入量。单不饱和脂肪酸和 n-3 多不饱和脂肪酸(如鱼油、部分坚果及种子)有助于改善血糖和血脂,可适当增加。应控制膳食中胆固醇的过多摄入。

3. 碳水化合物

餐后血糖控制不佳的糖尿病患者,可适当降低碳水化合物的供能比。不建议长期采用极低碳水化合物膳食。在控制碳水化合物总量的同时应选择低血糖生成指数碳水化合物,可适当增加非淀粉类蔬菜、水果、全谷类食物,减少精加工谷类的摄入。全谷类应占总谷类的一半以上。进餐应定时定量。注射胰岛素的患者应保持碳水化合物摄入量与胰岛素剂量和起效时间相匹配。增加膳食纤维的摄入量,严格控制蔗糖、果糖制品(如玉米糖浆)的摄入。喜好甜食的糖尿病患者可适当摄入糖醇和非营养性甜味剂。

4. 蛋白质

肾功能正常的糖尿病患者,推荐蛋白质的供能比为15%～20%,并保证优质蛋白

占总蛋白的一半以上。有显性蛋白尿或肾小球滤过率下降的糖尿病患者蛋白质摄入应控制在每日 0.8 g/kg 体重。

5. 饮酒

不推荐糖尿病患者饮酒。应警惕酒精可能诱发的低血糖,尤其是服用磺脲类药物或注射胰岛素及胰岛素类似物的患者应避免空腹饮酒并严格监测血糖。

6. 盐

食盐摄入量限制在每天 5 g 以内,合并高血压的患者可进一步限制摄入量。同时应限制摄入含盐高的食物,如味精、酱油、盐浸等加工食品、调味酱等。

7. 微量营养素

糖尿病患者容易缺乏 B 族维生素、维生素 C、维生素 D 以及铬、锌、镁、硒、铁、锰等多种微量营养素,可根据营养评估结果适量补充。长期服用二甲双胍者应防止维生素 B_{12} 缺乏。无微量营养素缺乏的糖尿病患者,无需长期大量补充维生素、微量元素以及植物提取物等制剂。

8. 膳食模式

对糖尿病患者来说,并不推荐特定的膳食模式。地中海膳食、素食、低碳水化合物膳食、低脂肪低能量膳食均在短期有助于体重控制,但要求在专业人员的指导下完成,并结合患者的代谢目标和个人喜好(如风俗、文化、宗教、健康理念、经济状况等),同时监测血脂、肾功能以及内脏蛋白质的变化。

(二)运动防治糖尿病的原理

运动控制糖尿病症状行之有效,其原理是运动促进肌肉组织对葡萄糖的吸收利用,同时运动肌肉更多利用脂肪酸,能够降低血脂和血胆固醇,提高免疫力和全身健康,减少并发症的发生。

1. 肌肉组织是最重要的葡萄糖吸收储存位置

肌肉组织是身体吸收利用糖类的主要组织,GLUT4 含量最多,在胰岛素刺激下,餐后体内上升的葡萄糖 85% 被肌肉组织吸收。如果肌肉组织对胰岛素敏感度降低,无法动用足量的 GLUT4 转运葡萄糖进入肌肉细胞,直接影响全身血糖吸收和利用。

身体快慢肌比例影响全身血糖控制效率,与慢肌相比,肌肉快肌纤维中的 GLUT 表达能力弱、毛细血管密度低、胰岛素敏感度低,因此快肌被称为抗胰岛素肌纤维,这种先天遗传条件很难被后天运动训练改变。对大部分人来说,快慢肌的比例基本上各占一半,极端分配现象很少。

2. 运动锻炼防治糖尿病的基因通路

肌肉中 GLUT 表达增加,可显著提升机体胰岛素敏感度,不易患糖尿病。运动可大幅提升肌肉 GLUT 基因表达水平,增加糖类的吸收储存。规律运动似乎是最佳的天然基因治疗法。

目前已知道胰岛素在细胞内动员 GLUT 移向肌肉细胞膜表面来转运葡萄糖,是由胰岛素受体-IRS-1 与 IRS-2-PI3K 为主的信息传导途径,所动员的位置大约在细胞内的内质网;运动时肌肉收缩刺激细胞内 GLUT 移向肌肉细胞膜表面,是由 AMP 依赖的蛋白激酶(AMP-activated protein kinase, AMPK)为主的信息传导途径,所动员的位置大分布在细胞内十几个不同位置。由于糖尿病患者心脏传导机制并未受损,研发可以刺激 AMPK 的化学信息分子,来仿真运动时动员 GLUT4 至肌细胞膜表面来促进细胞葡萄糖的吸收,成为降血糖药物研发的策略之一。

目前已有新的 AMPK 刺激药物被研发成功并用于动物实验阶段,这个被称为 AICAR 的药物可以仿真肌肉收缩的效应,直接与 AMPK 的分子与分子交互作用来驱动 GLUT 移至肌细胞膜表面转运葡萄糖。这个药物相对于其他降血糖药物的独特优点为:除了降血糖外,也可增加肌肉 GLUT 表达数量,使胰岛素敏感度提升的效果更能持续。然而此药物昂贵,且经初步评估所产生的效果比慢跑 30 min 的效果差,同时长期服用有使肝脏体积增大的副作用。

(三)运动锻炼防治糖尿病产生的效果

1. 控制血糖

运动降低空腹血糖作用与降血糖药二甲双胍类似,甚至强于二甲双胍,其降体重效应还常常伴随着糖化血红蛋白下降,这说明运动是降血糖最有效的"药物"之外最有效的方式。

2. 降低血压

通常有氧运动对正常人的血压影响较小,但对高血压患者的血压则影响较大。研究表明,有氧运动能够使收缩压和舒张压分别下降 11 mmHg 和 6 mmHg,长期坚持能全面改善健康状况,而且有利于体重控制,这样又促进了血压的下降,因而步入良性循环。高血压与糖尿病是互为促发的因素,血压控制好,有利于糖尿病的预防和治疗。

3. 改善血脂

运动降低血脂和血压,抗动脉粥样硬化,对预防大血管病变效果明确。2011 年,世界糖尿病联盟(亚太区)会议指出,运动可以帮助糖尿病患者延长寿命 12 ~ 14 年,与这方面的作用有较为密切的关系。

4. 改善情绪

运动是使人减轻压抑、焦虑和抑郁情绪的"天然药物",运动后心情愉悦、情绪放松。糖尿病患者经常做些力所能及的运动,可以克服患病后的恐惧、消极等不良心态,有利于血糖的稳定。

三、防止血糖值上升的食物组合

(一)血糖生成指数

血糖生成指数(glycemic index,GI)是显示一种食物是否容易使血糖值上升的指标,GI 值越高表明该种食物越容易使血糖值升高。GI 值<55% 的食物为低 GI 食物(表 8-1),GI 值在 55%~70% 的食物为中 GI 食物(表 8-2),GI 值>70% 的食物为高 GI 食物(表 8-3)。

表 8-1 低 GI 食物

类别	食物举例
谷类	全谷物,如整粒煮过的小麦、大麦及黑麦,麦麸、通心粉、强化蛋白质的面条、玉米粥等
乳类及其制品	几乎所有的乳类都是低 GI 食物,如牛奶、全脂奶粉、脱脂奶粉、酸乳酪、牛奶蛋糊、奶粉等
薯类	经过特殊处理的薯类制品,如土豆粉条、藕粉、魔芋等
水果类	含果酸较多的水果,如苹果、桃、杏干、梨、樱桃、猕猴桃等
即食食品	全麦型或高膳食纤维食品,如全麦面包、荞麦方便面等
混合膳食	混合膳食的 GI 依赖食物的种类和比例,常见的有包子、饺子、馄饨、猪肉炖粉条等

表 8-2 中 GI 食物

类别	食物举例
谷类	大麦粉、粗麦粉、玉米面粗粉、小米粥、甜玉米、荞麦面馒头、杂面窝头等
蔬菜类	根类、果类蔬菜,如牛蒡等
水果类	热带水果、水果制品等,如菠萝、芒果、香蕉、葡萄干等
薯类	水分少的薯类,如红薯、山药、烤土豆等
即食食品	黑麦面包、汉堡、炸土豆片、比萨、酥皮糕点、冰淇淋等
混合膳食	蔬菜少的膳食,如米饭搭配蒜苔鸡蛋等

表 8-3 高 GI 食物

类别	食物举例
谷类	精制食物,如白面面条、富强粉馒头、烙饼、油条、黏米饭、糯米粥等
蔬菜类	如南瓜、胡萝卜等
水果类	荔枝等
薯类	水分多、糊化好的薯类,如土豆泥、煮红薯等
即食食品	精白面包、苏打饼干、华夫饼干、蜂蜜等

（二）降低 GI 值的食物组合

1.高、中、低 GI 混合食物

高、中、低 GI 食物混合烹调,可制作出中 GI 膳食。比如用大米加绿豆蒸米饭,吃面包的时候喝些牛奶。米饭的 GI 值取决于食物组合方式,比如:紫菜包饭,GI 值94;蛋炒饭,GI 值88;咖喱饭,GI 值82;米饭+鱼,GI 值37;米饭+芹菜+猪肉,GI 值57.1;米饭+蒜苔,GI 值57.9。面食的 GI 值也取决于食物组合方式,比如:芹菜猪肉馅包子,GI 值39.1;牛肉面,GI 值88.6;馒头+酱牛肉,GI 值49.4;馒头+韭菜炒鸡蛋,GI 值48;发面饼+木耳炒鸡蛋,GI 值48.4。

2.主食+蛋白质

煮面条的时候加个鸡蛋,包饺子时馅料中加些瘦肉或豆制品等,都是不错的降低主食升糖速度的方法。

3.食物+醋调味

在食物中加些醋调味,醋中的酸性物质,可使整个膳食的 GI 降低。

（三）防治糖尿病饮食注意事项

1.吃如下副食时需要减少主食量

一种是如肉类(特别是肥猪肉、鸭肉、鹅肉)、蛋黄及芝麻酱、花生、瓜子、榛子、松仁等脂肪含量较高的食物,过多摄入脂肪含量较高的食物可引起身体肥胖、血脂增高,而且脂肪在体内会变成糖,对控制血糖非常不利;另一种是像薏米、红豆、绿豆、红薯、土豆、芋头、山药、蚕豆、豌豆、菱角等食物,糖类含量较高,不宜过多食用。

2.进食顺序

糖尿病患者可以尝试"蔬菜→主食→肉类→汤"的进食顺序,对稳定血糖有益。这是因为,蔬菜里面富含膳食纤维,可延长糖类的分解时间,从而延迟糖分在小肠内的吸收,能延缓餐后血糖的剧烈升高。

3.餐馆如何点餐

如果控制好食物的总量和种类,偶尔在外就餐也无妨。①一般来说,凉拌菜和蒸菜是首选,这两类菜油和盐等调味料的用量不多,脂肪和钠的总量容易控制。②炒韭菜、炒油菜等,急火快炒,食物中维生素等营养成分流失较少,有助于糖尿病患者预防口腔溃疡、皮肤干裂等症状。③餐馆里炖煮的菜用油量非常多,烹饪时间较长,营养成分破坏较多,糖尿病患者应减少食用炖煮菜。

4. 降低食物 GI 的烹调方法

蔬菜能不切就不切,豆类最好整粒吃。食物急火煮,少加水。增加主食中的蛋白质的含量,使主食获得不同的 GI。蒸米饭时加点豆、菜或者黑米等,煮大米粥时加些粗粮,粥不要熬得太烂。

(四)平稳降糖的八大营养素

1. 维生素 B_1

维生素 B_1 参与糖和脂肪代谢,保护微血管健康,帮助维持糖尿病患者糖代谢和神经传导功能,预防高血糖引起的肾脏细胞代谢紊乱。维生素 B_1 同其他 B 族维生素(比如维生素 B_2、维生素 B_6 等)一起摄入,能促进人体的吸收。建议维生素 B_1 日摄取量:男 1.4 mg,女 1.2 mg。富含维生素 B_1 的食物及每日推荐量见表8-4。

表8-4 富含维生素 B_1 的食物及每日推荐量

食材	每百克含量/mg	每天推荐食用量/g
花生仁	0.72	50
黑芝麻	0.66	20
黄豆	0.41	40
枸杞子	0.35	15
小米	0.33	50
绿豆	0.25	40

2. 维生素 B_2

维生素 B_2 可以帮助糖尿病患者适应环境应激,清除自由基,保护胰岛细胞正常分泌胰岛素,保持血糖稳定。吃富含维生素 B_2 食物时,可搭配富含维生素 C 食物,促进人体吸收维生素 B_2,帮助糖尿病患者降血糖。建议维生素 B_2 日摄取量:男 1.4 mg,女

1.2 mg。富含维生素 B$_2$的食物及每日推荐量见表 8-5。

表 8-5　富含维生素 B$_2$ 的食物及每日推荐量

食材	每百克含量/mg	每天推荐食用量/g
香菇	1.26	20～30
蘑菇	1.10	20～30
紫菜	1.02	15
杏仁	0.56	10～20
鸭肉	0.32	60

3. 维生素 C

维生素 C 促进胰岛素分泌,增强胰岛素作用,调节糖代谢,还可改善糖尿病心脑血管病变及周围神经病变等。糖尿病患者进食富含维生素 C 的食物时,可搭配富含 B 族维生素的坚果类、谷类、鸡蛋等,可提高机体免疫力。还可以搭配富含维生素 E 的鸡蛋等食物,能相互促进吸收。建议维生素 C 日摄取量 100 mg。富含维生素 C 的食物及每日推荐量见表 8-6。

表 8-6　富含维生素 C 的食物及每日推荐量

食材	每百克含量/mg	每天推荐食用量/g
芥蓝	76	100
番石榴	68	100～200
猕猴桃	62	100～200
青椒	62	100
西蓝花	51	50～100
藕	44	200

4. 钙

血糖升高时,钙离子将信息传递给胰岛,胰岛分泌胰岛素平衡血糖。缺钙导致胰岛素分泌异常,引起血糖升高。糖尿病患者可选择碳酸钙等钙质补充剂补钙。糖尿病患者补钙时,还应补充维生素 D,多晒太阳,促进钙吸收。建议钙的日摄取量为

800 mg。富含钙的食物及每日推荐量见表8-7。

表8-7　富含钙的食物及每日推荐量

食材	每百克含量/mg	每天推荐食用量/g
黑芝麻	780	20
白芝麻	620	20
草虾	403	30～50
泥鳅	299	80
牛奶	104	300

5. 镁

镁促进胰岛素分泌,提高胰岛素敏感性,起到降血糖作用。缺镁时,机体对胰岛素的反应能力下降,导致血糖升高。糖尿病患者搭配进食含镁和钙丰富的食物,可相互促进吸收,增强补钙效果。富含镁的食物及每日推荐量见表8-8。

表8-8　富含镁的食物及每日推荐量

食材	每百克含量/mg	每天推荐食用量/g
榛子	420	25～30
杏仁	275	10～20
葵花子	267	25
荞麦	258	60
黄豆	199	40
花生仁	178	40

6. 锌

锌促进胰岛素原转化,是胰腺制造胰岛素的必要元素。人体缺锌会使胰岛素分泌失常,甚至影响胰岛素的合成,引发糖尿病。补锌的同时,可同时选择富含钙、维生素D、蛋白质等营养素的食物,帮助稳定血糖,促进营养吸收。建议锌日摄取量:男12.5 mg,女7.5 mg。富含锌的食物及每日推荐量见表8-9。

表8-9　富含锌的食物及每日推荐量

食材	每百克含量/mg	每天推荐食用量/g
牡蛎	9.39	50
松子	9.02	20～30
南瓜子	7.12	25
黑芝麻	6.13	20
榛子	5.83	25～30
牛肉	4.73	50

7. 硒

硒能促进葡萄糖运转,预防胰岛细胞氧化损伤,对受损的胰岛细胞有修复功能,促进糖分解,起到降糖作用。糖尿病患者可搭配服用富含维生素 E 和硒的食物,保护细胞膜和不饱和脂肪酸。建议硒日摄取量 60 μg。富含硒的食物及每日推荐量见表8-10。

表8-10　富含硒的食物及每日推荐量

食材	每百克含量/mg	每天推荐食用量/g
虾仁	75.40	50
海参	63.93	40
蛤蜊	54.31	50
鳝鱼	34.56	50
腰果	34.00	30
杏仁	27.06	10～20

8. 膳食纤维

进入胃肠的膳食纤维,吸水膨胀呈胶状,延缓葡萄糖吸收,增进胰岛素与受体结合,降低餐后血糖,还可提高胰岛素受体敏感性,提高胰岛素利用率。在一定程度上,膳食纤维阻碍了铁、钙、锌等的吸收,还应该适量补充这些元素,防止无机盐流失。每天膳食纤维摄入不要超过建议量,易造成腹胀和消化不良等,也不利于蛋白质的消化吸收。富含膳食纤维的食物及每日推荐量见表8-11。

表8-11　富含膳食纤维的食物及每日推荐量

食材	每百克含量/mg	每天推荐食用量/g
黄豆	15.5	40
大麦	9.9	60～80
红豆	7.7	30
玉米面	5.6	70
绿豆	6.4	40
菠菜	4.5	80～100

四、运动疗法

(一)运动的降糖效果

运动疗法是糖尿病治疗的"五驾马车"(饮食疗法、运动疗法、病情检测、药物疗法和糖尿病教育)之一。科学运动能帮助糖尿病患者战胜疾病,促进身心健康。

运动促使细胞摄取血糖,还可提高胰岛素受体的敏感性,对解决2型糖尿病治疗问题有效。运动可以提高脂蛋白酶活性,改善脂类代谢,加速脂肪分解,减轻体重,降低胰岛素抵抗,不仅对2型糖尿病患者极其有益,还可有效避免心脏病的发生。

运动后,肌肉和肝脏大量摄取葡萄糖,使得血糖下降,中等运动量的运动能够维持12～17 h的降血糖作用。糖尿病患者一定要选择和坚持适合自己的运动,使血糖得到有效控制。

(二)锻炼要因人而异

并非所有的糖尿病患者适合通过运动控制病情,不可盲目进行运动,要科学对待。糖尿病患者不适合运动的情况主要包括:1型糖尿病比较严重;严重感染、酮症酸中毒等糖尿病急性并发症期;糖尿病足坏疽、重症冠心病、糖尿病肾病、体位性低血压、排尿困难、神经并发症等糖尿病严重的并发症期;饮食疗法血糖控制不佳者、易低血糖者、妊娠妇女、病情不稳定者;老年糖尿病伴有心力衰竭、肝肾功能衰竭、新发心肌梗死、血管栓塞、各类型期前收缩、动脉瘤、严重换气障碍、高血压、代谢紊乱控制不佳者；装有心脏起搏器、严重的静脉曲张、服用 β 受体阻断剂、神经肌肉疾病或关节畸形者；腹泻、呕吐患者也要等症状消失后再运动。

(三)运动前需要注意的事项

1.运动前的检查

糖尿病患者在运动之前,要到医院做一次全面的身体检查,如血糖、血压、心电图、心功能、肾功能等,还包括眼部并发症及骨骼、关节和脚部的检查,确定是否存在危险因素。

在检查完之后,糖尿病患者需要跟医生共同讨论自己的病情,了解适合的运动类型、运动量、运动时间、运动中注意事项等,确定科学合理的运动方案。

2.准备活动

准备活动,也可以叫热身运动,其目的为通过较为缓慢的、渐进的方式,逐步增加运动的强度,以提高心血管系统对运动的适应性。在改善关节、韧带、肌肉的柔韧性后,再进行强度较大的活动,可以避免诸如肌肉、韧带的拉伤等多种问题的发生。

准备活动因人而异,不同的患者可以根据自己的情况,选择喜欢的方式热身,如伸展腰背、踢踢腿、慢走一会儿等,一般要持续 5～10 min。

3.服装和鞋的选择

运动之前服装和鞋的选择也同样重要,应该如何科学地选择呢?

很多患有糖尿病的老人会选择布鞋,觉得布鞋柔软、轻便,而且价格低廉。但是,就是因为软,很容易让针、石子等扎破鞋底。另外,有神经病变的老年期糖尿病患者对疼痛的感觉很弱,脚被扎破也很难察觉,容易引起足部溃疡。所以糖尿病患者,尤其是老年人,要在医生的指导下挑选合适的鞋,一般底硬、垫软、宽头的鞋是较为合适的。

选择服装时,要考虑天气、季节及周围空气的湿度等。如冬季时,糖尿病患者需要保暖的服装,宜选择薄的多层衣服,在运动过程中如果感到热,可以适当脱几件。耳套、手套等不要忘了戴,保护好耳朵和手部,以免冻伤。

相应地,在暖和的季节,通透性好的服装则是首选,在夏季还要预备好一顶轻便的帽子,防止阳光直射,伤害头部皮肤。

另外,在潮湿的天气运动,应该选择棉织的衣服,它有更好的吸收性和透气性,适合糖尿病患者穿。

(四)找到适合自己的运动方式

糖尿病患者的病情因年龄、性别、体质、生活方式等多方面的不同而千差万别,在选择运动方式时,也要考虑这些因素,注意因人而异、因时制宜,选择个体化的运动方式,这样才更容易坚持下去,达到降血糖的目的。

1. 不常运动的人

对于体力有限或平时缺乏运动的糖尿病患者来说,一开始,运动要简单,运动量要小,待坚持一段时间,能够较好地适应以后,可以适当地增加强度。

2. 经常参加运动的人

对于经常参加运动、体力较好的糖尿病患者,可以在合理的范围内,根据自己的喜好选择某些活动,这样有利于患者持之以恒。

3. 有氧运动是首选

各种运动中最为大家认可的是有氧运动。有氧运动强度较小,允许患者在充分呼吸的状态下,略微有些出汗,可以使全身肌肉得到活动,时间持续较长。常见的有氧运动有散步、慢跑、骑自行车等。

(五)运动强度和运动时间的合理选择

1. 运动强度的选择

糖尿病患者如何确定自己的运动量呢? 通常每天消耗 10% ~ 20% 的总能量摄入,久坐患者可以先从 10% 开始。规律运动患者,可选择 20% 的消耗量,肥胖患者要适度增加一些,以有效减肥和控制体重。

当然,运动要循序渐进地增加,由开始的 5 ~ 10 min 增加到 30 ~ 40 min,此强度的增加量,可以在 1 ~ 2 个月的时间内达到。糖尿病患者不要做高难度、高强度剧烈运动,不仅达不到控制血糖的目的,反而会导致血糖升高。

2. 运动强度参考

以下 2 个公式可以作为糖尿病患者日常运动强度的参考:

$$运动强度上限(脉搏次数)=230-自己的年龄$$

$$合适的运动强度(脉搏次数)=运动强度上限(脉搏次数)\times(50\%\sim60\%)$$

说明:一位 40 岁的糖尿病患者,运动强度上限(脉搏次数)=230-40=190,而其合适的运动强度(脉搏次数)即为:190×(50%~60%)=95~114,即运动后脉搏在每分钟 95~114 次上下浮动为最佳范围。

3. 科学的运动时间

通常是从吃第一口饭算起的饭后 0.5~1.0 h 开始,是最佳运动时间,此时血糖较高,合理的运动不容易导致低血糖。运动持续时间以 60 min 左右为宜,包括运动前的热身运动时间和运动后的恢复整理时间。每周运动 3 d 以上。

运动过程中,在达到适合自己的运动强度后,应坚持运动 30 min,长期坚持,才会有效果。一天中,早晨或下班后进行运动是较好的选择,饱餐后或饥饿时运动,则不利于身体健康。

(六)运动时需要注意的事项

1. 运动过程中及时补充水分

糖尿病患者在运动过程中,经过一段时间(如 20 min)要及时饮水,而不是等到口渴时再喝。饮用水的选择,矿泉水、淡茶水或运动饮料较适合,不要选择含糖过多的饮料。

如果运动时间超过 1 h,最好在喝的水里面添加 5% 左右的糖,或者加食盐0.11~0.15 g/L。水的温度宜控制在 15~22 ℃,水太凉或过热都不适合糖尿病患者在运动中饮用。

2. 运动时带上糖块儿、巧克力等及病情卡

糖尿病患者运动时极易出现低血糖,及时补充一些糖块儿或巧克力,可缓解低血糖症状。糖果宜选择果糖、奶糖等,不要选择含木糖醇等的甜味剂。糖尿病患者要养

成随身携带病情卡的习惯,紧急情况下方便救治。运动时也可以听听音乐,放松身心。

(七)运动后需要注意的事项

1. 不要马上淋浴

运动后,毛孔开放,水温过低会使肌肉紧张,水温过高则易导致外周血流量增加,回心血量减少,发生头晕、恶心等症状。

2. 整理活动

运动前的热身是让身体逐渐适应运动,运动后的整理活动则是让身体逐渐恢复常态。运动结束后要做放松调整活动,比如呼吸节律放松操、拉伸、放松按摩等,加快疲劳消除,恢复体能。

3. 监测血糖

运动结束后要及时测量血糖,有利于调整用药和调整运动强度。有条件的患者可以自备一台血糖仪。还要"监测"食欲、睡眠等身体状况,出现不适立即停止运动,并接受专业医生的指导和建议。

4. 不要马上进食

运动后,腹腔内各器官血流供应减少,胃肠道蠕动减弱,立即吃东西会增加消化器官负担,最好在运动结束 30 min 后进食。

第九章

运动、营养与骨质疏松症

骨是人体最基本的支撑结构和最坚硬的组织,具有保护人体几乎所有重要脏器的重要作用,还具有造血、储备钙和磷的功能,参与人体基本的生理活动。骨质疏松症为骨质减少的一种疾病,骨的微观结构退化,骨量减少,骨的脆性增加,极易发生骨折,是一种全身性的骨骼疾病。骨质疏松症的预防主要有三大举措,那就是营养、运动、光照。

一、骨质疏松症的发病原因

随着经济发展,人们生活水平提高了,但人们摄取钙量偏低,而蛋白质摄取量却偏高,这是导致骨质疏松症的重要不利因素。骨质疏松症的主要发病原因是钙与维生素 D 的缺乏。

骨质疏松症是一种老年性疾病,日本学者 Fujita 在 1977 年指出,"如果我们活得足够长,不管是男人还是女人,我们都将会患骨质疏松症"。据估计,目前世界范围内约有两亿妇女患有骨质疏松症,超过德国、英国与法国总人口之和。随着我国人口不断趋于老龄化,我国的骨质疏松症患者人数已经过亿。随着年龄的增长,很多人出现腰酸背痛的症状,特别是中老年妇女,但他们之中很少有人将这一症状与骨质疏松症联系起来。其实,这很可能就是骨质疏松症所发出的危险信号。

像很多疾病一样,骨质疏松症的发生也有"易感人群"。引起骨质疏松症发生的因素可归结为两大方面,即不可控因素和可控因素。前者是不以人的意志为转移的客观因素,而后者可通过纠正人们的饮食方式及生活方式来改变。

（一）不可控因素

1. 种族

对全世界各民族来说,骨质疏松症的发生都是一个令人头痛的问题,但不同的民族,骨质疏松症的发生率有所不同。总的来说,白种人和黄种人罹患骨质疏松症的危险高于黑人。除去饮食、地域和光照等因素外,遗传因素也起着非常重要的作用。研究表明,非洲地区的人骨质疏松症的发生率较低,而处于相同纬度(这表示人们接受的光照是相同的)的美洲、大洋洲居民,骨质疏松症的发生率却非常高。说明不同的民族由于基因的不同,对骨质疏松症的敏感程度也不同。

2. 老龄

随着年龄的增长,所有人发生骨质疏松症的概率都会增加,只是不同的人群所增加的幅度不同而已。骨质疏松症是绝经后妇女和老年人的一种常见病及多发病,由于 45 岁以后,成骨细胞活性下降,骨量开始降低。

3. 女性绝经

绝经后的女性雌激素水平会有大幅度下降,随着雌激素水平的降低,会出现一个骨量快速丢失阶段,骨质疏松症的发生率也相应增加。我国约有 1/3 更年期女性患有骨质疏松症,女性停经加速骨丢失,因此女性比男性更易患骨质疏松症。绝经后女性发生骨折的危险是男性的 3 倍。

4. 母系家族史

血缘关系较近的母系亲属中有骨质疏松症患者或髋部骨折发生的人更易患骨质疏松症。

（二）可控因素

1. 低体重

身材瘦小的人较容易受到骨质疏松症的“光顾”。因为骨骼重力负荷可刺激钙在骨骼的沉积,而体重较轻的人对骨骼承重的刺激较小,所以体重较轻的人其峰值骨密度相对较低。另外,对于妇女来说,雌激素是影响骨密度的重要物质,雌激素的转换与贮存都是在脂肪组织中进行的,体重较轻的妇女体内脂肪相对较少,雌激素的含量也会受到影响,所以更易发生骨质疏松症。

2. 性激素低下

女性月经初潮延迟、月经稀少或过早停经(40岁以前)都标志着卵巢功能的低下,而卵巢是分泌雌激素的场所,卵巢功能不好则表明体内雌激素的水平可能低于正常,使骨骼矿化不良,易于发生骨质疏松症。

3. 生活习惯

一些不健康的生活习惯,如嗜烟、酗酒、过度饮用咖啡及碳酸饮料,都会影响钙在骨骼的沉积及保持,更易引发骨质疏松症。不良饮食方式,如低钙摄入、摄入蛋白质过多或过少、过多摄入咖啡因和钠等,都是诱发骨质疏松症的危险因素。

4. 光照

长时间生活在光照不足的环境中,会造成维生素D的缺乏,从而导致骨质疏松症的易发。

5. 运动缺乏

运动与负重一样,是刺激钙及其他无机盐沉积在骨骼的重要因素,长期不运动,会导致骨质疏松症。

6. 药物

有些影响内分泌或干扰钙吸收及沉积的药物,如皮质醇、抗癫痫药(苯巴比妥、苯妥英钠)、甲状腺素、肝素等,都是诱发骨质疏松症的因素。疾病如多发性骨髓病、甲状旁腺功能亢进症、甲状腺功能亢进症等也是骨质疏松症的易感因素。

7. 饮食

饮食中长期缺乏钙或维生素D(光照和摄入)。

二、骨质疏松症带来的后果

来自世界卫生组织的资料显示,骨质疏松症是一个全球性的健康问题,严重性仅次于心血管病。骨质疏松症会使生存质量下降及增加死亡率和残疾率。骨质疏松症发病缓慢,初期症状不明显,疾病在不知不觉中不断发展。很多情况下,当人们发现自己患上骨质疏松症时,病情已经较严重了。所以,骨质疏松症又被称作"寂静的杀手"。

骨质疏松症患者容易发生牙齿松动、早落,也容易发生骨折不愈,对身体健康构成了很大的威胁。其中患骨质疏松最严重的后果当属骨折,有资料显示,在世界范围内,50 岁以后,每 3 位女性或每 5 位男性中就有 1 位将经历骨质疏松性骨折。50 岁的女性因股骨骨折致死的概率与乳腺癌致死的概率相同。

老年前期,多见桡骨远端骨折;老年期后,多见胸腰椎和股骨上端骨折。椎体压缩性骨折可使每节椎体缩短。髋骨骨折后果最为严重,老年人一旦发生这种骨折则很难痊愈,以至于可能会永远卧病在床,长期卧床导致生活不能自理,严重影响了老年人的生活质量。同时骨折长期卧床非常容易引发多种并发症,很大一部分患者因此而死亡。

统计资料显示,髋骨骨折在一年内有 12% ~ 40% 的患者死于各种并发症,存活者有 50% 行动不便。所以,防治骨折是预防骨质疏松症的最终目的之一。

三、峰值骨密度

(一)骨密度变化的 3 个阶段

人一生骨密度的变化分成 3 个阶段。

1. 骨密度上升期

自出生到 35 岁左右,人体在这个时期是处于钙在体内不断积存的过程,到 35 岁左右骨密度达到高峰。在此期间钙在体内积存的多少直接影响人体最终获得的骨密度。

2. 骨代谢平衡期

女性 30 ~ 50 岁(绝经前),男性 30 ~ 70 岁,骨密度是一个相对稳定的平衡时期,这个时期人体内进出的钙应保持大致平衡。

3. 骨量减少期

女性大于 50 岁,男性大于 70 岁,这个时期人的骨密度逐渐减少,当骨量降至一定程度时,骨骼结构的完整性受到破坏,骨质疏松症的发生率逐渐增加。

人一生中骨密度的最高值就是这个人的峰值骨密度。不同的人能够获得的峰值骨密度是有差别的。骨质疏松症发病的可能性与峰值骨密度水平及达峰值骨密度的年龄有关。峰值骨密度越低或出现越早,发生骨质疏松症的可能性就越大。峰值骨密度由性别、遗传、种族等因素决定,后天因素也有一定影响。峰值骨密度高的人不容易发生骨质疏松症。

人积累峰值骨密度的过程与人一生中财富的积累过程十分相似。当人们年轻的时候,体力和精力旺盛,可以挣到较多的钱,挣到的钱多于花掉的钱,就把多余的钱存入银行,以备年老时养老之用。当过了年富力强的阶段,能够挣到的钱逐渐减少,与日常消费大体平衡。当年老退休后,基本上就失去了收入来源,就只能慢慢地花掉以前的积蓄。20 岁前,骨量累积 90%,20 ~ 30 岁,骨量累积 10%。儿童青少年时期钙营养充足人群,比同年龄人群峰值骨量高。因此,应从儿童期开始重视足量的钙摄入和规律运动,以获得满意的峰值骨。35 岁开始补钙的人群,骨量峰值下降速度比同年龄人群慢。因此,儿童青少年、40 岁前后的妇女,都应关注膳食钙营养。

(二)骨质疏松症的预防

1. 营养

预防骨质疏松症的最佳方法是从胎儿时期就保持钙的充足摄入量,这样可以提高峰值骨量;年轻人应及早从事骨质保健运动,平时应多摄取钙质,多运动,以在骨骼中积累更多的钙;中老年朋友也不是没有办法预防或延缓骨质疏松症的发生,平时要多晒太阳,多做户外活动,注意体育锻炼,通过饮食补充必需的钙,多吃补钙食品,如虾皮、豆制品、坚果、牛奶等,防止骨质流失过快。

2. 运动

运动可刺激成骨细胞,促进钙在骨骼中沉积,增加骨量。规律运动者可获得较高的骨密度。青少年时期多运动可以获得更高的峰值骨量,成年期多运动可保存骨量,老年期多运动可减少骨流失。

3. 光照

除了补充维生素 D 外,还可以经常晒太阳。人皮肤中的 7-脱氢胆固醇经阳光中紫外线照射后生成维生素 D_3,增进钙在肠道中的吸收。如果户外光照 2 h 以上,再注意膳食营养,每天就能获得足够的维生素 D。但晒太阳最好不要在上午 10 点至下午 2 点,以免晒伤皮肤。

(三)绝经后骨质疏松症的预防

由于骨骼中钙质的沉积与雌激素有关,绝经后的女性体内雌激素减少,很多人会因此而发生绝经后骨质疏松症。绝经后骨质疏松症发生程度取决于本人的峰值骨量和绝经后骨骼中钙质的丢失速率。

绝经后妇女应多摄入钙质,同时适量运动,降低钙流失速度。女性必须从年轻时开始注意钙和其他营养素的补充。每天户外运动 1 h 以上的妇女,发生骨质疏松症的概率较低。有研究者称每天坚持长跑可使骨骼年轻 20 年。美国科学家认为,跳跃时地面冲击力可激发骨质形成,是预防骨质疏松症比较好的方法。在营养方面,可多吃低脂豆浆、豆腐、牛奶、奶酪等。

四、营养与骨质疏松症的关系

(一)蛋白质与骨骼健康

蛋白质是生命的表现形式,是生命形成的物质基础,人体内含有 10 万种以上不同结构的蛋白质,它们是一切细胞和组织的主要构成成分,并表现出"千姿百态"的生理功能。人们的饮食中蛋白质缺乏可导致机体各器官、组织和系统的功能紊乱与结构异常,其中包括骨骼。

骨骼结构分为有机质和无机质,而蛋白质是骨骼有机质的主要成分,由此形成骨骼的"内支架",就像是混凝土建筑物中的钢筋,而骨骼中的无机盐像"水泥"。若骨的"钢筋"(有机基质)不足,则"水泥"(骨无机盐)也无从沉积,就会影响建筑物(骨骼)的强度。缺乏蛋白质可以使软骨细胞和成骨细胞合成有机基质的能力降低,使肠道蛋白质合成减弱及吸收功能减退,使胰岛素及胰岛素样生长因子等缺乏,直接或间接影响骨质,因而蛋白质缺乏必然会导致骨质疏松症的发生。

但蛋白质在影响骨骼形成的过程中是一把"双刃剑"。缺乏时影响骨基质的形成,但当蛋白质摄入过多时导致钙从尿中的排出增加,成为骨质疏松的"帮凶"。所以当老年人或体弱者补充蛋白质时应注意,不要补充过量,以免造成补了蛋白却"丢了骨头"的结果。

(二)脂肪与骨骼健康

脂肪是人体中非常有用的组织。首先分布在皮下的脂肪能够防止体内热量的散失,有助于维持体温的恒定,同时也可以保护其下方的组织不受到伤害;分布在肌肉间隙及脏器周围的脂肪对这些器官有固定及保护作用。

脂肪在食物中是产能最高的营养素,1 g脂肪在体内氧化可产生37.8 kJ(9 kcal)能量,比等量蛋白质和糖类的总和还要多,它是身体活动的主要能量来源。脂肪还是脂溶性维生素的良好载体,如果食物中没有脂肪的存在,则脂溶性维生素无法被身体所吸收利用。膳食中正常量的脂肪对健康人的钙吸收影响不大,但如果摄入过多的脂肪,或身体对脂肪的消化吸收不好时,过量的脂肪就会降低食物中钙的吸收。这是因为钙能与脂肪中的脂肪酸形成肥皂一样的物质——钙的脂肪酸盐,又叫皂钙,使钙的吸收及利用大大下降。

(三)钙与骨骼健康

钙可以组成成百上千种化合物,其中很多钙的化合物对我们的身体有着非常重要的营养学及生理学意义。其中构成骨骼是钙最重要的功能,判断一个人是否发生了骨质疏松症和骨质疏松症发生的严重程度时,骨骼中的含钙量以及钙的丢失速度是一个极其重要的指标。如果把骨骼比作一座建筑的话,钙就是建筑材料之中的水泥。

骨骼中的钙不断进进出出,正常情况下,只要进出平衡,骨中钙量保持恒定,就不会发生骨质疏松症。若进出不能平衡时,出去多而进入少,骨中的钙逐渐流失,长此以往就会发生骨质疏松症。常见食物中的含钙量见表9-1。

表 9-1 常见食物每 100 g 中的含钙量 单位:mg

食物名称	含钙量	食物名称	含钙量
牛奶	104	木耳	300
牛乳粉(全脂)	676	芹菜茎	80
奶酪	110	茼蒿	73
干酪	799	莜麦菜	70
豆干	299	芝麻酱	1170
卤干	731	花生酱	67
素鸡	319	菠菜	66
千张	313	茄子	55
豆腐	164	橘子	25
虾仁(干)	555	鸭梨	14
海带(干)	348	红富士苹果	11
河虾	325	红元帅苹果	1
虾皮	991		

(四)磷、镁与骨骼健康

钙需要其他营养素的配合,才能很好地完成其使命。磷和镁堪称钙的"左膀右臂"。成年人体内的磷含量为 400~800 g,87% 以羟磷灰石的形式与钙一起形成骨盐,构成骨骼的主要成分。少部分磷存在于体液和软组织中,参与体内一些重要的化学过程,比如氧化磷酸化。体内磷脂、生物膜、核酸等很多重要物质也都含磷;机体能量代谢最重要的物质三磷酸腺苷也含有磷酸;磷还参与血液凝固,磷酸盐能调节血液的酸碱平衡等。

人体含镁 20~28 g,骨中含量超过一半,其余主要在细胞内。镁参与体内 300 种以上的酶促反应,是许多酶系的辅助因子或激活剂。镁还广泛参与糖、蛋白质、脂肪及核酸的代谢;镁离子可镇静和抑制神经系统;还可作用于外周血管引起血管扩张。

骨中镁的形式主要为磷酸镁和碳酸镁,吸附在羟磷灰石表面,但不易从骨中动员出来。镁可在一定程度上置换骨中的钙,但置换的量与骨钙动员状况有关。

(五)钙磷比与骨骼健康

骨中的钙磷比值几乎恒定,既相辅相成,又相互牵制。食物中钙和磷的量比例合适时,钙吸收效率最好。理论上讲,人体最佳的钙磷比为2∶1。磷太多会刺激甲状旁腺激素分泌,导致骨钙流失。1989年美国推荐的居民膳食中理想的钙磷比为1∶1,但实际上很难达到这个理想值。因为磷在食物中的分布非常广泛,其含量大大高于钙。

在天然食物中牛奶有较好的钙磷比,所以在摄入奶和奶制品较多的人群中,其钙磷比相对更接近理想值。调查发现,美国人实际膳食中钙磷比为1∶1.6。但在我国,由于摄入乳制品普遍偏少,所以成年人膳食中平均钙磷比为1∶3.2,孕妇膳食钙磷比为1∶(1.5~2.5),十分不利于钙的吸收。有的营养学家推荐,婴儿时期的钙磷比以1.5∶1为宜,1岁以后钙磷比维持在1∶1为宜,对于我国一般的成年人来说,膳食中钙磷比能够达到1∶(1.2~1.5)就算是比较合适的了。常见食物中钙和磷的含量及比值见表9-2。

表9-2　常见食物每100 g中钙和磷的含量及比值

食物名称	钙/mg	磷/mg	钙磷比
人乳	34	15	2.3∶1
牛乳	120	93	1.3∶1
乳酪	590	393	1.5∶1
鸡蛋	55	210	1∶3.8
鸡蛋黄	134	532	1∶4
虾皮	2000	1005	2∶1
黄豆	367	571	1∶1.6
豆腐	240	64	3.8∶1
豆腐丝	284	291	1∶1
芝麻酱	870	530	1.6∶1
豌豆	84	400	1∶4.8
蚕豆	61	560	1∶9.2
花生仁(炒)	67	378	1∶5.6

续表 9-2

食物名称	钙/mg	磷/mg	钙磷比
西瓜子	237	751	1：3.2
核桃仁（炒）	93	386	1：4.2
海带	1177	216	5.4：1
发菜	767	45	17：1
大白菜	61	37	1.6：1
小白菜	93	50	1.8：1
标准粉	38	268	1：7.1
标准米	8	164	1：20.5
瘦猪肉	11	177	1：16.1
瘦牛肉	16	168	1：38.8
瘦羊肉	15	233	1：11.2
鸡（肉及皮）	11	190	1：17.3
鲤鱼	25	175	1：7
鲫鱼	54	203	1：3.8
带鱼	24	160	1：6.7
大黄鱼	33	135	1：4.1
青鱼	25	171	1：6.8

（六）钠与骨骼健康

食盐的主要成分是氯化钠,它是人类饮食中重要的组成部分,食物中缺少了食盐会变得淡而无味。同时,钠也是人体内一种重要的金属离子,负责维持人体内正常水盐代谢及渗透压。

摄入食盐过多易引起高血压。不止如此,摄入过高的钠盐可促进钙从尿中排出,而钙在维持骨健康的同时还有平抑血压的作用。所以,高钠饮食从可能引起骨质疏松症及高血压两方面来说对健康都是不利的。

（七）膳食纤维与骨骼健康

膳食纤维是近年来营养素家族中迅速蹿红的一位,号称"第七类营养素"。它虽不能像其他营养素一样直接被人体所消化吸收,但摄入膳食纤维仍然对人体有很多益处。老年人多患有便秘、糖尿病及高脂血症等疾病,食物中的纤维对这些疾病的预防及控制有较好的作用。

膳食纤维对于降低血糖和血脂是有作用的,但很多人担心膳食纤维影响钙的吸收。后来新的实验表明,这些"坏事"更可能是由谷类中所含的其他物质如植酸、草酸等所致的。通过动物实验看到,很多可溶性膳食纤维甚至可以改善钙的吸收,这是因为这些纤维可以在人的大肠中发酵,使大肠中的环境变酸,从而促进钙的吸收。有很多实验证实,膳食纤维可以防止实验大鼠的骨质下降。

既然如此,膳食纤维是否多多益善呢? 也不尽然。过多的膳食纤维会使人肠胃不适,也可能对某些营养素的吸收利用有不利影响。目前中国营养学会推荐的膳食纤维摄入量为每日 25 ~ 30 mg。

(八) 维生素 D 与骨骼健康

很多人都知道钙的吸收需要有维生素 D 的参与。前面我们把钙比作人体大厦的"建筑材料",那么维生素 D 就是这些"建筑材料"的运送者。大量研究发现,如果没有维生素 D 的参与,人体对钙的吸收率则达不到 10%。

维生素 D 是一种脂溶性维生素,在体内真正起作用的是维生素 D 的活性代谢产物。这种活性代谢产物实际上是一种激素,其主要功能是:促使骨与软骨的骨化;促进小肠中钙、磷的吸收;促进钙、磷在肾脏中的重吸收并维持骨骼与牙齿的正常生长。

人体所需的维生素 D 仅有少部分是从食物中摄入的(表 9-3),大部分是靠晒太阳来合成的。人的皮肤下有一种胆固醇,经紫外线照射后可以变成维生素 D。被人体所吸收的维生素 D 储存在血浆、肝、脂肪和肌肉内,它们本身没有促进钙吸收的生物活性,在肝脏中经过"加工"形成具有生物活性的 25-羟基维生素 D_3,然后在肾脏经过"二次加工"后,转变为具有更高生物活性的 1,25-双羟维生素 D_3,又被称为活性维生素 D。活性维生素 D 的作用在于促进钙结合蛋白的形成,而钙结合蛋白在肠钙吸收的过程中起着载体的作用。

此外,活性维生素 D 也能促进骨骼中破骨细胞的活性,促进骨吸收,使旧骨质中的骨盐溶解而增加骨钙释放;还能直接刺激骨骼中的成骨细胞,促进钙盐沉着在骨骼中。当肝功能和肾功能出现问题时,可能会使活性维生素 D 的生成受阻,从而导致钙代谢紊乱。

表9-3　一些动物性食物每100 g中维生素 D_3 的含量　　　　　　单位:国际单位

食物名称	维生素 D_3 含量	食物名称	维生素 D_3 含量
黄油	35	小虾	150
干酪	12	牛肝(生)	8～40
奶油	50	鸡肝(生)	50～65
蛋类	28	猪肝(生)	40
鳕鱼	85	羊肝(生)	20
鳕鱼肝油	10000	牛奶	0.3～4
鲱鱼(罐头)	330	人奶	0～10
鲱鱼肝油	140000	牛肉	13
鲭鱼(罐头)	220～440	猪肉	84
鲭鱼	120	禽类	80
沙丁鱼	1500	家禽皮	900

(九)维生素 A 与骨骼健康

维生素 A 又叫"视黄醇",顾名思义,它是与视力有关的维生素。纯品的维生素 A 是一种淡黄色晶体,溶于脂肪性的溶剂中,所以是脂溶性维生素。

维生素 A 最重要的生理功能是作用于眼睛视网膜上的感光细胞,使人们的眼睛在较暗的光线下也能够看清物体。当人在缺乏维生素 A 时,会发生夜盲症。此外,维生素 A 对于人体的免疫功能、生殖功能及皮肤等都有重要影响。

维生素 A 对于维持骨质代谢的正常进行也起着重要的作用。维生素 A 缺乏可减少破骨细胞数目,使成骨细胞功能失去控制,造成骨质骨膜过度增生,使骨髓腔变小。

维生素 A 较多地存在于动物性食物,如奶及奶制品、鸡蛋,特别是动物肝脏中(表9-4)。所以,在全球范围内,生活水平较低的国家和地区,维生素 A 的缺乏较为普遍。

维生素 A 的另一个重要来源是胡萝卜素。胡萝卜素是植物性食物中所含的一种营养素,它在体内可以转变为维生素 A,但其转换效率较低,我们从膳食中摄入的胡萝卜素只有1/6可以在体内变为维生素 A(表9-5)。

表9-4　常见动物性食物每100 g中维生素A的含量　　　　　单位：国际单位

食物名称	维生素A含量	食物名称	维生素A含量
羊肝	20972	江虾	102
鸡肝	10414	黄鱼	10
猪肝	4972	草鱼	11
鹅肝	6100	蚌肉	283
羊肾	152	鸡蛋	310
瘦猪肉	44	鸭蛋	261
瘦羊肉	11	牛奶	24
鸡腿	44	干酪	152
肉鸡	226	奶油	345

表9-5　常见蔬菜水果每100 g中胡萝卜素的含量

食物名称	胡萝卜素含量/μg	相当于维生素A/视黄醇当量	食物名称	胡萝卜素含量/μg	相当于维生素A/视黄醇当量
胡萝卜	4010	668	红心红薯	750	125
小白菜	1680	280	芒果	8050	1342
菠菜	2922	487	杏	450	75
油菜	620	103	柑	890	148
韭菜	1410	235	橙子	162	27
苋菜	2112	352	柿子	120	20
绿菜花	7212	1202	西瓜	210	35
大豆	220	37	哈密瓜	920	153
小米	100	17	菠萝	198	33

（十）维生素K与骨骼健康

维生素K与维生素A、维生素D一样，是一种脂溶性维生素。维生素K不仅与机体凝血功能有关，也与骨组织代谢有关，维生素K缺乏可导致骨分解代谢增强。

维生素K对骨的影响主要是参与骨钙素的羧化。骨钙素是一种蛋白质，也叫作骨钙蛋白，它是由43个氨基酸相互连接而成，是骨组织中的特异性蛋白。骨钙素来源于骨组织,由成骨细胞合成并分泌到骨中,约占骨质蛋白的 3%。骨钙素的作用是调节和维持骨钙。2/3 的骨钙素与羟磷灰石结晶结合,沉积于骨基质中,1/3 进入血液循环。当骨骼出现损伤后,机体要对这个损伤进行修复,这时血清中骨钙素会增高。当骨钙素水平下降时,则提示形成骨的成骨细胞活性下降。因此,维生素 K 通过影响骨钙素的形成而影响骨骼的发育。

由于食物来源较为丰富,且正常人体肠道中乳酸菌、大肠杆菌等微生物也能合成部分维生素 K,并通过肠壁被吸收,一般人很少缺乏维生素 K。常见的维生素 K 缺乏,一般是由于疾病或药物治疗引起,如滥用口服抗生素、肠道吸收不良、使用大剂量的水杨酸盐和抗凝血剂等。

(十一)维生素 C 与骨骼健康

维生素 C 也叫抗坏血酸,是一种水溶性维生素,在体内发挥重要的生理功能。维生素 C 是胶原蛋白形成的必需组成部分,有助于保持骨样组织、结缔组织以及牙本质完整,也是伤口愈合所不可缺少的,能促使烧伤康复。维生素 C 还是作用很强的还原剂,具有抗氧化的作用,可以促进铁的吸收。

严重缺乏维生素 C 可引起坏血病,出现出血、类骨质及牙本质形成异常等状况。其发生的原因是骨和牙本质中细胞间胶质的形成出现缺陷,使毛细血管变得脆弱,继而发生出血以及骨和有关结构的缺陷。骨损害的另一个原因是软骨内生长停止,因为成骨细胞不能形成骨样组织,取而代之的是骨干与骨骺之间形成纤维结合,肋骨软骨的结合部增大,浓密的钙化软骨段便埋植在这一纤维组织内。这些损害能并发骨内或骨表面微小的瘀斑状出血,或因轻微的骨损伤而导致骨膜下大量出血。

每日服用维生素 C 60 mg 即可收到充分的预防效果。如果发生了坏血病,可给予口服维生素 C 100 mg,每日 3 次,连续服用 1~2 周,直至体征消失为止。随后可坚持摄入含维生素丰富的营养膳食。

我国目前推荐的膳食维生素 C 的每日适宜摄入量为 100 mg,比 1988 年制订的膳食供给量每日 60 mg 有了较大幅度提高。

膳食中维生素 C 的主要来源为新鲜的蔬菜和水果,动物性食物中仅肝、肾等含有少量(表 9-6)。

表9-6　含维生素 C 较丰富的水果和蔬菜　　　　　　　单位:mg/100 g

食物名称	维生素 C 含量	食物名称	维生素 C 含量
酸枣	830～1170	辣椒	110～140
大枣	248～338	甜椒	864
柚子	110	菠菜	96
草莓	35	菜花	66～106
山楂	154	大蒜	57～79
柿子	11～49	小白菜	55
猕猴桃	131	油菜	124
芥菜	90～140	卷心菜	71
雪里蕻	83～94	青蒜	96
苋菜	73	蒜苗	590
藕	73	苦瓜	79

(十二)维生素 B_{12} 与骨骼健康

维生素 B_{12} 是一种溶于水的红色结晶,它含有金属离子钴,这也是唯一含有金属元素的维生素。维生素 B_{12} 是参与体内重要化学反应的辅酶。

如果缺乏维生素 B_{12},红细胞中 DNA 合成会出现障碍,会导致巨幼红细胞性贫血。另外,维生素 B_{12} 在神经信号的传导中也有重要的作用,当体内维生素 B_{12} 不足时可使神经系统受到损害,出现精神抑郁、记忆力下降、四肢震颤等神经症状。

新的研究指出,血液中维生素 B_{12} 浓度较低者,通常会有骨质流失速度加快的情况发生。骨质迅速流失是骨质疏松症的一项征兆。一般来说,维生素 B_{12} 仅存在于动物性食物中,如肉类、贝类、动物内脏及蛋类等,牛奶及奶制品所含维生素 B_{12} 较少,而植物性食物中基本不含维生素 B_{12}(表9-7)。人体对维生素 B_{12} 的需要量很少,而且它们在体内可以被循环重复利用。所以对于正常成年人来说,维生素 B_{12} 缺乏的情况不是很常见。但对于严格的素食者和老年女性来讲,缺乏的情况比较普遍,据文献显示,有 10%～30% 的老年人对食物中维生素 B_{12} 吸收不良,应该注意补充。

表9-7　部分食物每100 g中维生素B$_{12}$的含量　　　　单位：μg

食物名称	维生素B$_{12}$含量	食物名称	维生素B$_{12}$含量
牛肉	1.80	奶油	0.18
羊肉	2.15	鸡蛋	1.55
猪肉	3.00	鸡蛋黄	3.80
鸡肉	1.11	鸭蛋	5.40
猪肝	26.00	生蛤肉	19.10
焙羊肝	81.09	沙丁鱼罐头	10.00
焖鸡肝	49.00	金枪鱼	3.00
炸小牛肝	87.00	蒸海蟹	10.00
全脂奶	0.36	墨鱼干	1.80
脱脂奶粉	3.99	熏大马哈鱼	7.00

（十三）植物雌激素与骨骼健康

女性到了更年期，由于雌激素分泌急剧减少，导致骨质生成速度下降、丢失加速，逐渐出现骨质疏松，还会引起妇女更年期综合征、高血压和冠心病等。因此，中老年女性保持体内正常雌激素水平，对防治心血管疾病和骨质疏松症、提高生活质量及健康水平比较重要。但通过药物来补充雌激素会带来一些副作用，使很多人难以接受。

一些豆科植物中含有的异黄酮，被称作植物雌激素，其作用类似雌激素，又是一种强抗氧化物质，能有效舒张血管和防止动脉硬化，还能调节分泌水平，且没有外源性雌激素的各种不良反应。更年期女性可通过食物或保健食品进行类雌激素物质的适量补充。

（十四）乳糖及氨基酸与骨骼健康

乳糖是奶中所含的糖类，氨基酸是构成蛋白质的基本物质。乳糖及某些氨基酸（如赖氨酸、精氨酸、色氨酸等）由于可以降低肠道的酸碱度，所以也有促进钙吸收的作用。

（十五）草酸、植酸与骨骼健康

草酸、植酸存在于很多植物性食物中，它们属于有机酸（表9-8）。

草酸在体内能够与金属离子发生化学反应，生成不溶性的草酸盐；而植酸具有很强的络合金属离子的能力。它们通过各自的方式把无机盐牢牢地抓住，使其不能被人体所吸收及利用，从而妨碍无机盐的吸收，同样会影响钙的吸收。因此在摄入食物时应尽量避免或减少草酸、植酸的摄入。

表9-8　常见蔬菜每100 g中草酸的含量　　　　　单位：mg

食物名称	草酸含量	食物名称	草酸含量
苋菜	161	芋头	63
红萝卜缨	75	蒜	42
圆白菜	22	莲荚豌豆	142
土豆	99	葱	115
青菜	109	大白菜	60
芹菜	231	蒜苗	162
油菜	94	小白萝卜	27
苜蓿	299	韭菜	162
茼蒿	106	圆叶菠菜	606
绿豆芽	19		

（十六）烟酒与骨骼健康

一些实验研究的结果表明，酒精、尼古丁也会促进钙的排出。所以，吸烟及大量饮酒的确是不良的生活方式，对身体健康的很多方面都会造成负面影响，为了骨骼的健康应该远离烟酒。

五、补钙食物的选择

（一）奶和奶制品

奶类及奶制品含钙丰富,钙的利用率也高,是天然钙质的最佳来源。对于正常人来说,每天喝 300 mL 左右的牛奶,或者食用酸奶、奶酪等,再搭配科学合理的平衡膳食,可基本满足对于钙的需求。

（二）豆和豆制品

豆类含有丰富的优质蛋白质,以及钙、不饱和脂肪酸、B 族维生素和烟酸等,长期食用不仅营养丰富,还可预防骨质疏松症。

（三）坚果类

杏仁、花生、松子等坚果类食物富含油脂、无机盐、维生素和钙质,常吃能坚固骨骼、增强体质、延缓衰老。

（四）其他

常吃虾皮、海产品同样可以达到补钙的目的。此外,由于平衡膳食离不开蔬菜,所以也要注意一些含钙高的蔬菜的选择,某些绿叶菜和红黄色蔬菜也富含钙。

按照新鲜蔬菜中钙的含量,可以划分为以下两个等级:一为高钙蔬菜(每百克鲜菜中含钙量大于 200 mg),如黄花苜蓿(草头)、荠菜、萝卜缨、雪里蕻。二为富钙蔬菜(每百克鲜菜中含钙量为 100～200 mg),如蛇果、苋菜、塌菜、紫角叶、菜薹、抱子甘蓝、小茴香、香菜等。

下列食物含钙量较少,如植物油、动物脂肪、牛肉、禽类、果汁、鲜果、南瓜、西红柿、黄瓜、玉米、马铃薯、淀粉、粉丝、粉条、糖等。

以上所列食物都是普通的天然食物,在一些经过加工的特殊食物中,比如在牛奶中强化维生素 D、维生素 A、含钙物质含量,其钙含量会大大增高。

六、钙制剂的类型及补充注意事项

当种种原因导致钙的需要增加或消耗过多或饮食量不足时,膳食中摄入的钙就不能满足人的需要,此时可以适当地补充钙制剂。

目前市场上的钙制剂可分为有机钙与无机钙两大类。

(一)无机钙

1.碳酸钙

白色非晶体粉末,不溶于水,可溶于稀酸中。其特点为含钙量高,是目前钙制剂中含钙量最高的,价格便宜,是消费者易于接受而广泛应用的一种钙制剂。但在胃中消耗较多胃酸,对胃有一定刺激性。

2.活性钙

活性钙是生物钙(贝壳类)经高温煅烧而形成的钙混合物,其主要成分是氢氧化钙,同时含少量氧化钙及碳酸钙。其特点是含钙高,但其水溶液 pH 值为 10~12,刺激胃肠,不适合老年人、儿童及胃酸缺乏者,最好与食物同食。

3.磷酸氢钙

日本人常用的补钙品牌,钙含量较高,为 23.3%。由于药片崩解和吸收比较难,含磷又比较高,对肾功能障碍者可能会有伤害,因此我国较少应用。

4.碳酸氢钙

碳酸氢钙可溶于胃酸,几乎不溶于水。钙的含量为 30%,其吸收率为 30%,主要作药品使用。

(二)有机钙

1.乳酸钙

乳酸钙是我国传统的钙补充剂之一,可溶于热水,缺点是钙含量偏低。其元素钙的含量为 13%。如果长期服用乳酸钙,体内乳酸含量可能会增高,老年人可能会发生危险。

2. 葡萄糖酸钙

应用较多的钙补剂之一。其特点是水溶性较好,pH 值为 6 ~ 7,对胃肠道的刺激小。但含钙量为 9%,非常低,片剂含量更低,要达到每日补充 800 ~ 1000 mg 的钙需求,需服用几十片之多,人们难以接受。

3. 枸橼酸钙

枸橼酸钙的钙含量为 21.1%,水溶性和生物利用都较好,不依赖胃酸吸收,尤其是有泡腾片,更适合老年人服用。

4. L-苏糖酸钙

L-苏糖酸钙可溶于水,溶液呈中性,溶液中的钙离子以螯合态存在,钙含量为 13%。

5. 酪蛋白钙肽

酪蛋白钙肽水溶性好,钙离子在小肠中被解离,对钙的吸收有利。

6. 骨粉

骨粉的主要成分为多羟磷酸钙,也称作羟磷灰石,难溶于水,在胃酸的作用下可被解离成钙离子。因其来源是家畜动物的骨骼磨粉,骨骼中重金属尤其是铅容易沉积,服用后会受重金属污染,不是一种好的钙来源。

7. 其他有机钙

氨基酸螯合钙在我国已开始应用。

七、骨质疏松症的改善方法

(一)运动、营养在改善骨质疏松症中的作用

科学研究与实践证明,科学合理的运动与营养对防止和改善骨质疏松症有重要的作用及良好的效果。这种效果主要体现在增加骨量和提高骨的质量方面。

1. 运动、营养能增加骨量和提高骨的质量

长期缺乏运动、钙和维生素 D 摄入不足等因素会导致严重的骨量丢失,易导致骨

质疏松症和骨折,运动能增加骨量和提高骨的质量。青春期多参加体育运动有助于提高骨密度,增加成年期峰值骨量,高冲击性运动和抗阻性运动的效果比较好。老年人需要补足钙和维生素 D,再坚持参加体育锻炼,可减缓骨量丢失,增加肌肉力量,改善身体功能,提高自主生活能力,提高晚年的生活质量。体育锻炼还能够预防跌倒、减少骨折。

2. 运动改善骨质疏松症的机制

体育锻炼时肌肉收缩,肌力增加,神经肌肉的协调能力提高,骨周围组织的血液循环增强,有助于阻止骨的流失,有效刺激骨细胞的生成。

体育锻炼可促进前列腺素释放和性激素分泌,通过降低某些刺激骨吸收的细胞因子水平,如白细胞介素-1、白细胞介素-6 等,促进骨的形成。

运动使绝经期妇女血中雌激素浓度轻度增加,减少破骨细胞的活动,促进钙吸收和骨组织外的钙、磷的再利用。

(二)骨质疏松症的体育锻炼指南

1. 运动类型

在骨质疏松症患者康复计划中,要考虑加入体育锻炼因素。要根据自己的兴趣爱好、项目的特点、要达到的锻炼目的、是否能够长期坚持、身体承受能力等选择适合自身的项目。项目应该具有较低的冲击性,可以是有氧运动、力量训练、抗阻训练等类型。有氧运动可选择快走和慢走、慢跑、骑自行车、打各种球类、练体操等。中老年人可根据自己的喜好选择跳中老年健身舞、跳广场舞、健步走、上下楼梯等运动。力量训练和抗阻运动可对骨产生冲击力,刺激骨重建,是一种预防和治疗骨质疏松症的重要措施。进行抗阻练习时,应注意全身主要肌群的锻炼,每周至少 2 次。美国运动医学学会对预防骨质疏松症的推荐方案是:健身跑、行走、力量训练。但是,任何体育锻炼都可能伴随风险,一些有脊柱弯曲的患者,可通过体位训练、核心训练等使脊柱舒展,增强脊柱和肩背部肌肉力量,缓解脊柱弯曲带来的腰背疼痛。

2. 运动强度

一般来说,最大耗氧量的 60% 左右为增加骨密度的最佳运动强度,基本上心率维持在最大心率的 65%~85%。要"超负荷"运动,意思是与日常活动相比,运动加在骨上的负荷要大于日常活动中的负荷。

3. 运动时间

总运动时间在 0.5～1.0 h 比较好。骨质疏松症患者选择运动强度小、体育锻炼时间较长的运动效果好,以轻微疲劳、休息后得以消除为适宜运动量,要注意自身的主观感受。

4. 运动频率

每周 3～4 次体育锻炼比较适宜,如果身体条件比较好,可每天运动。经常性有规律运动锻炼可以对骨重建产生积极作用。

第十章

运动、营养与体重管理

肥胖是一种常见的代谢失调症,在全球范围内呈现大流行的趋势,不管性别、年龄、种族、地域及文化如何,所有人群肥胖和超重的数量都在不断地攀升,这种现象在中国表现得更加明显。肥胖和超重对人的身体、精神、心理及社会功能都产生很多不良影响,全方位地危害人的健康。因此,体重管理已经迫在眉睫,通过科学合理的技术和方法,遏制肥胖和超重的流行,让大家拥有健康,享受美好人生。

一、肥胖的发病机制

肥胖是一种常见的、复杂的代谢失调症。男性肥胖多为腹部型肥胖,女性肥胖多为臀部型肥胖。从肥胖并发症的发生率来看,男性腹部型肥胖引起的风险要远高于臀部型肥胖。

从根本上讲,肥胖发生的主要原因是人体摄入的热量超过了消耗的热量,多余的热量转变为脂肪大量储存。关于能量失衡的原因非常繁杂,受各种因素影响,比如代谢因素、生理因素、环境因素、遗传因素、社会因素、行为因素、种族因素等。

(一)生理因素与肥胖

1. 中枢体重"调定点"

神经中枢的下丘脑有跟体重相关的"调定点",正常生理状况下,体重高于"调定点"摄食减少,机体代谢增强;体重低于"调定点",能耗下降,摄食增加。这些生理行为都是为了防止体重偏离"调定点",促使体重向"调定点"恢复。对于肥胖的个体而言,也有其生理功能,只不过其"调定点"被调高了,机体是在被调高的"调定点"上对机体能量平衡进行调节。

2.饱感信号瘦素

瘦素(Leptin)是由脂肪细胞产生的激素,生物学效应广泛。Leptin 经血液循环进入下丘脑,使下丘脑感受器接受脂肪细胞充盈程度信号,连接中枢与外周传递饱感信息,引起摄食量降低和能耗增加,使体重降低体脂减少。外源性 Leptin 也有可能影响机体的能量代谢。

3.解偶联蛋白

解偶联蛋白(UCPs)是一种特殊蛋白质,位于线粒体内膜,具有调节质子跨膜作用。解偶联蛋白降低质子电化学梯度,造成呼吸中的电子传递过程和 ATP 的合成解偶联,将储存的能量以热能形式释放,提高了静息代谢率。有些肥胖者进食量并不多,且体力活动也不少,但其体重和体脂含量并不下降;而有些人可以随意吃自己喜爱的食物,却不会增加体脂含量。最近生理学、生物化学和遗传学的研究表明这可能与 UCPs 家族成员有密切的关系,可能是由于分解食物提供能量的代谢途径有所不同,代谢率低的个体要比代谢率高的个体易发胖。

4.代谢因素

肥胖者更多依赖糖氧化供能而不是脂肪。血脂升高是肥胖人群的一个明显特征,大量游离脂肪酸进入门静脉系统,肝脏摄取胰岛素受阻,导致肝脏糖利用和糖原异生障碍。肝脏摄取胰岛素减少,循环胰岛素浓度增加,胰岛素受体表达下调,造成胰岛素抵抗。由于胰岛素敏感性减低,胰腺代偿性分泌增加,形成高胰岛素血症,如果血糖水平仍不能够维持正常,形成高血糖。因此,基础代谢低能耗、低脂肪氧化、胰岛素抵抗是形成肥胖的危险因素。

(二)遗传因素与肥胖

肥胖有遗传倾向,基因改变可导致肥胖,遗传物质与环境相互作用也可导致肥胖。父母一方体重指数(BMI)$\geqslant 30$ kg/m^2,儿童成年后肥胖发生率上升 2 倍。父母一方 BMI $\geqslant 35$ kg/m^2,儿童成年后肥胖发生率上升 3 倍。父母一方 BMI $\geqslant 40$ kg/m^2 的约上升 5 倍。更多研究认为,遗传因素不如环境因素的影响大,遗传因素主要决定脂肪的分布。

(三)环境及行为因素与肥胖

除遗传因素外,成年人单纯性肥胖主要由不良生活方式引起,儿童期生活方式不良导致的肥胖,约 80% 会延续到成年。现代社会肥胖人群越来越多,首先是由于拥有汽车的人比例越来越高,减少了走路的机会;其次大量使用电脑、电视和手机,身体消耗的能量越来越少;再则摄入过多高热量食物。与正常人相比,肥胖者总的能量消耗增多。尽管胖人的能量消耗高于瘦人,但是其食物摄入量更多,不仅一餐的食物量较大,而且吃得也较快。

随着年龄增加,成年男女基础代谢率每 10 年分别降低 2% 和 3%,也就是说身体的基本能耗逐渐降低,如果摄食不加以限制,那么随着年龄增加,肥胖发生率也会增高。

二、肥胖的诊断标准

(一)BMI 法

BMI 是体重与身高平方的比值,即 BMI=体重(kg)/身高的平方(m^2)。将亚太地区成年人 BMI>23 kg/m^2 和 25 kg/m^2 分别定为超重和肥胖;对于 6~12 岁学龄儿童,采用男生 BMI>18 kg/m^2 和女生 BMI>17.50 kg/m^2 来判定肥胖。BMI 是用于估测不同人群肥胖发生率的一个最有用的指标,但 BMI 不能反映体脂分布的情况。

(二)腰臀比

腰臀比即腰围与臀围的比值,是判断腹型肥胖的良好指标。腰臀比的正常范围是男性<0.9,女性<0.8,超标者属于典型的苹果型肥胖,也称为腹型肥胖,表明内脏脂肪含量增加,更容易引起代谢紊乱。即使在体重指数正常的情况下,腰臀比超标也可以单独诊断为腹型肥胖。将体重指数和腰臀比结合起来,可以更好地筛查和监控超重及肥胖,更有针对性地指导体重管理。

(三)体脂率

人体内的脂肪含量在人总体重中所占的比例,简称体脂率,也称为体脂百分数,与体重指数、腰臀比等指标相比,能够更准确地评价肥胖程度和体脂肪的分布状况。测量方法有磁共振成像、生物电阻抗方法等。根据世界卫生组织(WHO)的规定,体脂率判断肥胖的标准是男性≥25%,女性≥35%;美国减肥专科医学会的标准是男性≥25%,女性≥30%;我国标准是男性≥20%,女性≥30%。

三、肥胖对生理、心理及社会的影响

(一)肥胖对人体生理状况的影响

1. 肥胖与糖尿病

世界卫生组织的调查数据显示,1980年全世界糖尿病人数是1.08亿,2014年达到4.22亿,引起如此大幅度增长的主要原因就是肥胖。糖尿病患者绝大多数得的是2型糖尿病,容易伴随很多严重的并发症,例如心肌梗死或脑梗死、眼睛失明、肾衰竭和足部溃烂等,使糖尿病患者的生活品质大大降低。糖尿病的发病风险也随体重的增加而增加,因此,做好体重管理对2型糖尿病的防治至关重要。

2. 肥胖与心脑血管疾病

肥胖可导致血脂异常,引起动脉粥样硬化,增加冠心病、脑卒中等患病风险。肥胖者血液中脂肪酸含量增多,可诱发血压升高及心脏负荷过重,尤其是内脏脂肪含量过高时,脂肪容易沉积在心包膜上,使心肌出现缺血、缺氧,严重者可诱发猝死。恰当的体重管理,可明显改善血脂异常、高血压和延缓动脉硬化,这对防治脑血管疾病来说非常重要。

3. 肥胖与肝胆疾病

肝脏是脂肪代谢的重要场所。肥胖状态下,肝脏代谢脂肪的负荷加重,过多的脂肪在肝细胞内沉积,形成脂肪肝。因此,肥胖的人脂肪肝患病风险明显增加,严重的脂肪肝进一步发展,可导致脂肪性肝炎、脂肪性肝硬化甚至肝癌,对健康的危害非常大。

肥胖可导致胆汁酸中胆固醇的含量增高,容易形成胆囊结石。肥胖者患胆石症的风险是正常体重者的4~6倍,这一趋势在40岁以上的肥胖女性中表现得更加明显。胆囊结石可引起胆绞痛急性发作,患者往往十分痛苦,严重时甚至可危及生命。虽然现代医学可通过腹腔镜等微创手法,使患者在较小的痛苦下被切除胆囊。但是胆囊切除之后,消化功能会在不同程度上受到影响,造成生活质量下降。因此应防患于未然,进行积极的体重管理,以预防胆石症的发生。

4. 肥胖与慢性肾脏病

肥胖可引起高血压、血脂异常及 2 型糖尿病,这些疾病是造成肾损害的重要原因。同时肥胖者多余的脂肪组织会释放一些炎症物质,直接对肾脏造成损伤。研究表明,超重和肥胖导致肾病发病风险分别增加3.5 倍和 7 倍。肾脏是人体重要的排毒器官,肾衰竭时全身会被各种毒素浸泡,患者往往会生活得十分痛苦。

肾脏是不可再生器官,损害后无法像皮肤和头发一样再生出新的细胞组织进行修复。因此要及早进行体重管理,以保护肾脏。

5. 肥胖与甲状腺功能障碍

甲状腺功能障碍和体重之间互相影响,尤其是甲状腺功能减退,会导致体重增加。反之,体重增加也会引起甲状腺功能紊乱。甲状腺是人体的动力器官,甲状腺激素具有调节代谢、提高反应能力、维持兴奋等作用。甲状腺功能减退时人体容易出现疲乏、注意力下降、活力减退,使生活质量明显减低,同时更不愿意运动,导致体重进一步增加。因此,体重管理对甲状腺的健康十分关键。

6. 肥胖与内分泌代谢紊乱

肥胖容易导致人体内分泌代谢紊乱,引起糖尿病、血脂异常及高尿酸血症。肥胖还可使雄激素分泌减少、雌激素分泌过多,引发女性绝经期提前、多囊卵巢综合征,男性无睾和类无睾症、乳房发育等疾病。上述这些疾病又可导致不孕不育和性功能障碍。肥胖还可引起女性不孕,同时,肥胖女性子宫内膜、子宫颈、胆囊、卵巢以及乳房部位的肿瘤发病概率也会增高。

肥胖的人容易患湿疹、寻常型银屑病、毛发角化症、脂溢性皮炎、黑色棘皮症、皮肤萎缩纹、下肢静脉曲张及血栓性静脉炎等多种皮肤疾病。良好的体重管理可以改善内分泌代谢,减少皮肤病发生概率。

7. 肥胖与肺功能障碍

俗话说"说你胖,你就喘"。事实上,肥胖者在进行体力活动的时候,确实更容易气喘吁吁和疲劳,这与肥胖者需要更多的氧气供应有关。

然而,肺脏的体积不会因为体重的增加而增加,肺功能也不会随体重增加而增强,腹部脂肪的堆积反而会限制肺的呼吸运动,导致缺氧和呼吸困难,增加心肺功能衰竭的风险。肥胖者应积极预防肺部疾病的发生,并相应地做好体重管理,保持良好的肺功能。

肥胖还会导致睡眠呼吸暂停综合征,主要表现是睡眠中重度打鼾,伴有间断的呼吸暂停。该病危险度很高,除了导致人体血压升高,睡眠质量、注意力、记忆力下降外,还会增高在睡眠中猝死的风险。

8.肥胖与关节病变

体重增加可使脊椎、肩部、肘、髋及足部等许多关节的负荷加重,导致关节磨损或组织撕裂而出现关节疼痛,同时,肥胖容易使关节老化、损伤而发生骨性关节炎。这些关节疾病导致的疼痛,让肥胖者对各种运动望而却步,甚至是行走都感到困难。然而缺乏运动又必然会导致体重增加,进入另一个恶性循环当中。

关节疾病是导致中老年人生活质量降低的重要原因,关节疼痛不仅限制人的日常活动,引起不良情绪和身体上的痛苦,同时关节疾病治疗的费用也非常高昂,是很大的经济负担。因此,体重管理对关节病变的防治有非常重大的意义。

9.肥胖与癌症

美国癌症协会的数据显示,体重超重10%即会导致各种癌症的患病风险大幅增加,其中,子宫内膜癌增加5.5倍,胆囊癌增加3.9倍,子宫肌瘤增加2.4倍,乳腺癌增加1.5倍。众所周知,除早期切除外,癌症目前尚没有根治的方法。因此人们往往谈癌色变,任何人都怕患上癌症,而预防肥胖可以说是预防癌症最好的措施。

(二)肥胖导致的心理问题

肥胖会引起多种心理问题。肥胖的人常常会缺乏自信心和自尊心,在中国,这种情况更加明显。我们的社会文化和审美标准更加倾向于"以瘦为美",每个人都很关注自己的体重,略有增加就会非常紧张,尤其是很多女孩子的自信心最容易受体重的影响。

20世纪八九十年代时,人们认为啤酒肚是生活品质较好的表现,会羡慕一个

30 多岁、挺着肚子的职场男性,"大肚子"代表拥有更好的经济条件。但是,今天人们的观念已经有较大转变,很多人都意识到肥胖会影响健康,在与肥胖者合作时,可能会担心其健康状况影响工作效率。同时,肥胖会使人在社交场合中的个人魅力下降,不仅影响其事业发展,还会影响其心理健康。

肥胖使体内激素发生变化,一些神经递质也发生改变,发生抑郁和焦虑的概率大大提高,而抑郁和焦虑又会加重暴饮暴食,通过这种不健康的饮食方式平复心情和稳定情绪,再次形成恶性循环,最终健康状况越来越差。因此,体重管理不仅仅是生理问题,同时也关系到心理健康。

(三)肥胖对社会的影响

肥胖也是一个社会问题。肥胖与很多慢性疾病相关,而这些慢性疾病给中国乃至全世界都造成了巨大的经济损失。一方面,肥胖相关疾病可造成劳动者工作时间减少及过早死亡,使可创造的财富减少;另一方面,花费在这些疾病上的经济负担非常重。研究发现,全球每年有 1.5 亿人因为卫生医疗支出而遭受家庭灾难,因病导致极端的贫困。调查显示,2003 年中国肥胖相关慢性疾病经济负担占全部疾病总经济值担的 71.45%,而且问题逐年更加严重。因此,体重管理关乎个人、家庭乃至整个国家的经济状况。

对于一个国家来说,体重不正常人群急剧增加,整个社会健康水平会下降。我国政府已经意识到这个问题的严重性,并于 2016 年颁布了《"健康中国 2030"规划纲要》。纲要中指出:健康是促进人的全面发展的必然要求,是经济社会发展的基础条件。实现国民健康长寿,是国家富强、民族振兴的重要标志,也是全国各族人民的共同愿望,全社会要增强责任感、使命感,全力推进健康中国建设,为实现中华民族伟大复兴和推动人类文明进步做出更大贡献。

四、当前与饮食有关的有效的体重管理方案

(一)慢食运动

降低吃饭的速度,即慢食运动,是有效的体重管理方案之一。

慢食运动的第一个提倡者是意大利人卡尔洛·佩特里尼,这项运动始于 1986年,目的是让大家从快餐中解脱出来,回归到传统的饮食文化,用当地丰富的食材去代替标准化和单调的快餐,感受天然食物的美味,远离各种各样的加工食品。

咀嚼是消化系统的第一步,也是享受食物的一个过程。"咀嚼次数"是一个非常好的量化标准。人们不用为了减重去改变饮食结构和增加运动量,只需要把每一口食物咀嚼 20 次后,再吞咽下去即可。充分咀嚼食物可使吃饭速度自然慢下来。这不仅降低了摄入的热量,而且通过充分咀嚼还减轻了胃的负担,使小肠内营养的吸收更加充分。

如何做到慢食呢? 具体建议如下。

(1)吃饭时禁用手机

吃饭的时候,请把手机放在一边,专心地吃一顿饭。很多人往往用工作繁忙来作为吃饭用手机的理由,可实际上,他们往往只是在刷朋友圈、刷微博或者在线上闲聊等,而非真的需要利用吃饭时间来用手机处理工作。

(2)把注意力放在食物上

吃饭其实是一种享受,是给自己的奖赏,进食时最好选择自己喜欢吃的食物并对食物心怀期待。在食物被端上饭桌之前,应让味觉、大脑、胃肠道等各方面先做好进食的准备,而在食物被端上饭桌之后,要把注意力全部放在食物上,时刻注意进食的速度,心里默念咀嚼次数,让吃饭变得更加专注。

现代人常常觉得自己未老先衰,觉得注意力和记忆力都在不断衰退,而默念咀嚼次数却可以不用花费额外的金钱和时间,就可以来提升这些能力。这个方法简单有效,并且自己就可以独立完成。

(3)时刻关注饱腹感

在进餐时关注饱腹感,我们会很快发现自己吃饱了,不想再吃了。虽然餐盘里还有剩余的饭菜,但是已经没有吃下去的欲望了,因为我们已经从饭菜中得到了满足感,不需要吃更多了。

(4)和食物沟通

把处理食材当成是去完成一件艺术品,用眼睛观察食物的纹理,用鼻子体会食物的原始气味,用双手感受食物的质地,耐心并细心地烹饪食材,最后当把料理好的食物送入口中的时候,相信会给我们带来不一样的感觉。

（5）尊重自己的感受

在进餐的过程中，时刻跟自己的身体对话，感受食物进入身体后所产生的感觉，比如饭前喝汤的感受、先吃米饭的感受、先吃肉的感受等。无论是何种感受，请尊重它而不是评判它。只要用心感受，身体会告诉你如何正确地吃饭。

（二）正念饮食

正念饮食帮助人们去正确地看待食物，与食物建立一种正确的关系。不专心进食就不能很好地体验食物口味，导致更加倾向于吃重口味的食物，而这些食物往往是不健康的。正念饮食可遵循如下原则：学会欣赏、感恩和赞美食物；调动所有可以调动的感觉器官，比如听觉、嗅觉、视觉和大脑的想象，全方位地认真感受正在品尝的食物；集中注意力，慢慢地吃饭，把正念饮食和慢食运动有效地结合在一起；用心去感受对食物的渴望，积极探索身体饱腹感的程度，迅速捕捉到"吃饱了"的那个信号，然后我们可以满足地停下来。

相当一部分人面对特别喜欢吃的垃圾食品时，内心往往是焦虑的。因为他们知道不应该吃那么多薯片，可是只有吃薯片才能平复他们不开心的情绪。当然可以去吃，但是需要在吃的过程中慢慢去体会，在这个体会的过程中，也许对食物的感觉就改变了，可能下一次就不需要吃这么多了。

每顿饭给自己留出 20 min 时间，撇开所有干扰，专心地吃饭。这是身体应该享受的权利。静心吃饭不仅是为了补充营养，填饱肚子，同时也为了享受美食，享受生活。

五、加工食品与体重管理

（一）加工食品的特点

现代食品工业越来越发达，各种加工食品让消费者目不暇接，相关的广告铺天盖地。为了节省时间精力，越来越多的人选择食用成品或半成品的加工食品。很多人用果汁替代水，食用各种小零食，一些正在减肥的人特意选择零卡路里的加工食品。但是这些加工食品中的某些成分可能带来上瘾反应，会让人吃得更多。例如，薯片中含有能够刺激味觉的盐、糖、味精以及其他更多的添加剂，能够刺激唾液分泌，咀嚼薯片时所产生的"咔嚓咔嚓声",也刺激着人们的听觉,带给人们心理上的愉悦感和生理上的满足感。

当人们处于焦虑状态时,大脑往往需要高脂、高糖的食物来平衡这种情绪。加工食品通过各种途径尝试与我们的大脑进行沟通,促使大脑产生兴奋、愉悦、满足的感觉,让人们忍不住想要获得更多。这样一来,很容易造成食物成瘾。更为可怕的是,孩子一旦从小养成了这种饮食习惯就很难改变。

(二)加工食品中的成分

现代食品工业为了满足消费者的需求,便于规模化的生产、加工及保证一定的保质期,会在食品中加入各种添加剂,如人工色素、防腐剂、反式脂肪酸、鲜味剂、甜味剂、增稠剂、乳化剂、膨松剂等,给身体带来巨大的健康风险。

1. 人工色素

人工色素会对人体产生很严重的负面影响,应引起足够的重视。天然色素安全性高,但是稳定性低、成本高;人工色素安全性低,但是成本低、稳定性高,被广泛地应用在食品加工业,是现代食品工业界的"宠儿"。经常摄入人工色素会引起孩子过敏、多动等(表10-1)。

表10-1 人工色素和天然色素的区别

色素	来源	特性	种类
人工色素	化学合成	成本低、稳定性高,引起儿童过敏、多动	如栀子黄、可可色素、番茄红素、胡萝卜素、姜黄素等
天然色素	蔬果、辛香料	成本高,稳定性低,使用安全性高	如胭脂红、苋菜红、日落黄、赤藓红、柠檬黄、新红、靛蓝、亮蓝等

2. 防腐剂

防腐剂能防止由微生物引起的腐败变质,延长食品保质期。没有防腐剂的食物极易变质,引发食物中毒和各类胃肠道疾病,甚至引发死亡。如果防腐剂被长期过量摄入,会在一定程度上抑制人体骨骼生长,危害肾脏、肝脏的健康,所以建议尽量少食用添加了防腐剂的加工食品。

最常见的两种人工合成防腐剂为苯甲酸钠和山梨酸钾。苯甲酸钠的毒性比山梨酸钾强,在体内积累过多,易导致中毒。因苯甲酸钠价格低廉,在我国仍为常用防腐剂,主要用于碳酸饮料和果汁。当选择食品时,不妨读一下食品标签,在苯甲酸钠和山梨酸钾之间优先选择山梨酸钾。

较为常用的天然防腐剂主要有乳酸链球菌素、溶菌酶、迷迭香提取物、槲皮素、大蒜、木槿花提取物、金尾虎樱桃提取物、橄榄粉、壳聚糖等。天然防腐剂因为抗菌性强、安全无毒,甚至在防腐的同时兼具功能性,在医药、食品等领域的应用越来越多。

3. 反式脂肪酸

反式脂肪酸对人体有害,过量摄入会导致脂代谢异常、发胖、癌症、高血压、高血糖还有胰岛素抵抗等。含有反式脂肪酸的食品成分包括人造奶油、人造黄油、植物奶油、氢化植物油、起酥油、植脂末等。含有反式脂肪酸的食品主要有:①饼干、面包等烘焙食品。②蛋糕、糕点、泡芙、蛋黄派或草莓派等松软香甜的食品。③炸薯条、炸薯片、炸鱼、炸鸡腿等口感很香、脆、滑的多油食物。④沙拉酱、爆米花、巧克力、冰淇淋、奶茶、咖啡伴侣或速溶咖啡等含有乳化、润滑状态特性的食物。⑤经高温加热处理的植物油。

4. 味精

味精是人们最常用的鲜味剂。味精的主要成分为谷氨酸钠,在消化过程中能分解出谷氨酸,后者在脑组织中经酶催化,可转变成一种抑制性神经递质,过多摄入会干扰神经系统,抑制人体的下丘脑分泌促甲状腺释放激素,妨碍骨骼发育。如果食用味精超出了机体的代谢能力,血液中的谷氨酸含量就会增加,影响机体利用钙、铜、镁等无机盐的能力。谷氨酸与血液中的锌结合后生成谷氨酸锌,不能被机体利用,被排出体外,引起人体缺锌,而锌是对婴幼儿身体和智力发育都很重要的营养素,缺锌伤害幼儿的脑部和视神经发育。因此,婴幼儿和正在哺乳期的母亲应禁食或少食味精。

5. 果葡糖浆

果葡糖浆的主要成分是果糖和葡萄糖。果糖的代谢全都是通过肝脏进行的,而葡萄糖的代谢只有 20% 通过肝脏进行,所以当大量摄入果糖时,肝脏的负担会非常重,甚至会使肝脏产生炎症反应。而且果糖的代谢不像葡萄糖可以作为能量给细胞使用,果糖在体内会转变成脂肪,导致肥胖。同时果糖会像酒精一样刺激大脑,让大脑产生成瘾和依赖。《美国膳食协会会刊》中指出"果糖对肝脏的危害和酒精类似"。

食品药品监督管理局建议,糖的摄入量每天不要超过 25 g。在一罐 500 mL 的可乐中,糖的含量就有 50 g,如果喝了这样一罐可乐,那么就超过了一天的糖摄入量。因此,最理想的状态、最简单的方法就是远离一切加工食品。因为天然的食品中不仅不含果葡糖浆,而且还含有丰富的无机盐与膳食纤维等,有利于人体健康。

6. 阿斯巴甜

阿斯巴甜的代谢产物主要为苯丙氨酸(50%)、天门冬氨酸(40%)、甲醇(10%)。阿斯巴甜会增加胰岛素的分泌,让储存脂肪的能力增加;阿斯巴甜虽然是零卡路里的人工甜味剂,但是它并不会帮助减重,它在人体内代谢的产物苯丙氨酸会造成血清素水平降低,导致人想吃得更多。很多人选择含有人工甜味剂的无糖饮料就是为了减重,比如无糖可乐既有可乐的口感又不含蔗糖,可实际情形却不如人意。人体可以精确地决定糖的摄入量,当体内的能量够用了,就会停止吃东西,这是多年来人类进化的结果,也是一种自我保护机制。然而人体并不能识别人工甜味剂,大脑会以为身体还处于饥饿状态,还需要吃更多的东西。

7. 三氯蔗糖

三氯蔗糖(TGS)是一种新型甜味剂。现已有美国、加拿大、澳大利亚、俄罗斯、中国等 30 多个国家批准使用。三氯蔗糖甜度可达蔗糖的 600 倍,是唯一一种以蔗糖为原料的功能性甜味剂。具有无能量、甜味纯正、甜度高等特点,已经被广泛应用到食品、饮料、医药、化妆品等行业。

科学家们经过长期毒理实验,证明其安全性较高,但是也有报道称三氯蔗糖可诱发偏头疼。美国公众利益科学中心一篇研究报告显示,三氯蔗糖增加了实验动物发生癌症的风险。国外研究发现,使用三氯蔗糖饲喂大鼠,会对大鼠胃和肺的 DNA 产生损伤。2014 年,在《自然》杂志上发表的一篇论文指出,食用包括三氯蔗糖在内的甜味剂,会影响肠道菌群,增加葡萄糖不耐受的风险。

(三)食品标签解读

通过对食品配料表的解读,可以了解加工食品的原料构成,对了解其营养价值具有重要意义。

例一:酸酸乳饮料

某品牌果味酸酸乳的配料表:水、鲜牛奶、白砂糖、全脂奶粉、低聚异麦芽糖、乳酸、安赛蜜、食用香精(橙味香精、酸奶香精)。

很多人认为该产品是酸奶,常饮对肠道健康有帮助,对孩子的成长有益处。事实上,该产品含量最高的是水,然后依次是鲜牛奶、白砂糖、全脂奶粉、低聚异麦芽糖、乳酸、安赛蜜、食用香精(橙味香精、酸奶香精),没有看到任何跟益生菌或肠道菌群有关的成分。

能够看懂食品配料表的家长,肯定不会给孩子买这种产品,因为他们很清楚,让孩子喝这种产品,非但对肠道健康没有帮助,还会因为摄入大量食品添加剂而对身体健康产生不良影响。

例二:果汁

很多饮料在食品配料表上写得清清楚楚,它们是由浓缩果汁与各种添加剂调配而成的,而不是用新鲜的蔬菜和水果榨成的汁。所以我们去购物时,不要只看包装正面的自然健康、全果汁或者使用纯果汁之类的广告语,而忽略了饮料背后的配料表(表10-2)。

表10-2　几种常见果汁配料表

种类	配料	主要营养成分/100 g	备注
100%纯苹果汁	纯净水、苹果浓缩汁	能量 160 kJ、碳水化合物 9.5 g、维生素 C 4 mg	一般不少于 25% 的浓缩果汁
果味橙汁	水、白砂糖、橙肉、水果浓缩汁、添加剂(柠檬酸、柠檬酸钠、胡萝卜素)、食用香料、维生素 C	能量 193 kJ、碳水化合物 11 g、维生素 C 43 mg	一般不少于 10% 的浓缩果汁,若声称果肉型,则不少于 5% 的果肉或粒
果味汽水	纯净水、白砂糖、果葡糖浆、水果浓缩汁、二氧化碳、柠檬酸、安赛蜜、甜蜜素、柠檬酸钠、苯甲酸钠、香精	能量 128 kJ、碳水化合物 7.5 g、钠 10.4 mg	不少于 5% 的浓缩果汁

"100%纯苹果汁"配料表第一位是水,也就是说它是苹果浓缩汁兑了水形成的。至于浓缩果汁是否干净,品质是否优良,是否损失了大量营养素,这和每个品牌的做法有关。总之,只要不少于25%的浓缩汁,就可以叫100%纯苹果汁。

在果味橙汁的配料表里，我们可以看到水、白砂糖都排在橙肉的前边。除此之外，还有水果浓缩汁以及各种添加剂。

在果味汽水的配料表里，它的备注显示含有不少于 5% 浓缩果汁，其他添加剂的种类更多。

例三：碳酸饮料

碳酸饮料主要成分包括碳酸水、柠檬酸、白糖及香料等，几乎不含任何人体所需要的营养素，却含有 10% 左右的精制糖。经常饮用碳酸饮料会导致肥胖，还会影响人体对钙质的吸收，导致骨质疏松症；二氧化碳会抑制肠道益生菌的活性，导致肠胃功能紊乱。美国不少公立校区开始禁止销售碳酸饮料，我国部分省市也相继推出了在学校逐步禁售碳酸饮料的规定。因为喝碳酸饮料而带来的肥胖、青少年糖尿病、骨质疏松症等已成为一个越来越严重的社会问题。

六、过劳肥

压力大、睡眠不足使下丘脑功能发生紊乱，容易导致肥胖。长时间紧张会引起下丘脑中管理睡眠、情绪、饮食的神经元工作异常，使食欲发生变化。

过劳肥涉及的人群广泛，对健康的影响时间较长，并加重医疗和社会负担。此类人群 99% 以上都有久坐不动、三餐营养失调、压力过大、睡眠不足的问题。他们的腹部往往囤积了很多脂肪，体重不断飙升，容易患上糖尿病、高胆固醇血症、高血压、心血管疾病等。

过劳肥有效解决方案主要包括运动、睡眠、情绪管理、饮食营养等。医生建议有此现象的人要"管住嘴、迈开腿，保证一定的运动时间"，比如少坐一站公交、不坐电梯走楼梯、站立办公等。要想办法让自己睡好，并进行有效的情绪管理，方法有 EFT（情绪释放技术）、呼吸训练、心理疏导、花疗、音乐疗法等，这些都是经临床认证很有效的精神疗法。

已经超重或肥胖的人要注意控制自己的饮食，多吃含高纤维素的食品，尽量少吃高糖、高脂、高盐的食品，不吃零食，不喝含糖饮料等加工食品。

七、科学健康的运动减肥手段

若想获得理想的减肥效果,应持之以恒地进行适宜的体育运动。腹部脂肪累积程度与具有一定运动量和运动强度的体育运动呈负相关。节食、节食加运动都能有效降低体重、减少皮下脂肪组织量和腹部脂肪组织量,且腹部的皮下脂肪组织和内脏脂肪组织优先动员。单独节食减肥,只减少了瘦体重;节食加运动减肥同时增加了肌肉组织量,方法更有效。此方法也是目前最流行、最科学的减肥的方法。

(一)运动减肥健身的机制

1.运动增加能量消耗

在从事体育活动时,依个体体重、运动方式、运动强度及持续时间的不同所消耗的能量有所差异。若体重为 60 kg 的人进行 30 min 的慢跑(200 m/min),大约消耗 400 kcal 的热量,从理论上讲,减掉 1 kg 体脂(200 g 水分和 800 g 脂肪),要消耗 7200 kcal 的热量。若在饮食量不变的情况下,每周进行 5 次这样的慢跑,减掉 1 kg 体脂约需 1 个半月。所以长期从事有规律的体育运动,其所消耗的能量积累起来相当可观。

运动时促进分解代谢供能增加能耗,运动结束后代谢仍保持较高水平直至 24 h,此时安静时的耗氧量会增加,出现过量氧耗,对控制体重有重要作用。

2.运动提高静息代谢率

运动可以提高静息代谢率,结束后的高静息代谢率状态可持续 1～2 h 甚至十几小时。一般情况下,每天静息代谢能耗占总能耗的 60%～70%。如果静息代谢率增加 1%～2%,长期来看,对于体重管理效果就很可观。单独依靠减少能量摄入(节食)来减肥,其效果往往因静息代谢率的降低而抵消。静息代谢率与瘦体重密切相关,体育运动,尤其是抗阻力量训练有助于维持节食期间的瘦体重,即维持了静息代谢率。在影响机体静息代谢率的因素中,脑胰岛素和 Leptin 都起重要的作用。

3.运动影响食欲

运动可能有抑制肥胖者食欲的作用。大强度有氧运动后,大脑胰岛素增加,可抑制神经肽 Y mRNA 的表达,神经肽 Y 是强摄食刺激因子,神经肽 Y 分泌减少使食欲降低,摄食量减少。

(二)减肥运动处方

制定减肥运动处方,应遵循以下原则。

1. 安全性

要根据健身者的体质和心肺功能制订运动量、运动强度、运动时间和运动频率。运动强度一般为最大心率的 60%~85% ,或最大摄氧量的 35%~70% ,或 3~6 METs(表 10-3)。要对肥胖者进行运动耐力实验,以确定其运动强度耐受性,观察其心肺功能是否有异常。通常每周锻炼 3~6 次,每次锻炼 30~60 min。

表 10-3　部分体力活动的能量消耗(以 METs 表示)

活动类型	具体活动	METs
不活动	睡觉	0.9
不活动	静坐、听课、看书、聊天、看电影电视、打电话等	1.0
不活动	原地站立	1.2
家务活动	擦地板、准备饭菜、购物	2.5
体力活动	上下楼梯	4.5
体育活动	伸展体操,瑜伽	4.0
骑车	上下班,<10 迈	4.0
骑车	适度用力,12~14 迈	8.0
自行车赛	16~19 迈,竭尽全力	12.0
骑功率自行车	50 W,非常轻松	3.0
骑功率自行车	100 W,稍微用力	5.5
骑功率自行车	150 W,适度用力	7.0
骑功率自行车	200 W,非常用力	10.5
骑功率自行车	250 W,非常非常用力	12.5
舞蹈	交际舞(慢步)	3.0
舞蹈	交际舞(快步)	5.5
弹奏乐器	弹钢琴	2.5
运动项目	保龄球	3.0

续表 10-3

活动类型	具体活动	METs
运动项目	乒乓球、太极拳、排球比赛	4.0
运动项目	篮球(一般性玩)、网球双打、徒步旅行、快走	6.0
运动项目	篮球(比赛)、网球单打、跳绳(慢)	8.0
运动项目	足球比赛、跳绳(适中)	10.0
运动项目	跳绳(快)	12.0
游泳	一般性游泳娱乐活动	6.0
游泳	仰泳(一般性活动)	8.0
游泳	蛙泳(一般性活动)	10.0
游泳	蝶泳(一般性活动)	12.0

2.可接受性

应该首选锻炼者喜欢的运动项目,有利于长期坚持下去,运动费用也要能够承受得起。一般的走、跑、跳、骑车、跳广场舞、打太极、游泳、爬山、进行各种球类活动,都可以作为肥胖者减肥健身的项目。

3.有效性

一段时间的锻炼后,可检测锻炼效果,适时对运动方式、量和强度进行调整。可根据肥胖者的预期目标和身体可接受能力来安排训练时间和频率。可根据机体的生物节律周期,安排减肥运动在下午或晚上进行,可以比早上多消耗20%的能量。

(三)运动减肥建议

运动减肥同时,要结合饮食调整,在满足营养基本需要的基础上,尽量减少热量摄入。减肥健体运动方式应以有氧运动为主,也可以与抗阻训练和力量训练相结合,既增加能量消耗,还能增加瘦体重。长期坚持才能维持减肥效果。

八、儿童期肥胖的防治措施

儿童时期肥胖是成年时期肥胖的一个重要危险因素。我国肥胖儿童人数逐年增加,在某些地区已达儿童总数的20%,因此防治儿童肥胖尤为重要,应采取措施进行防治。能量摄入过多和体力活动不足是造成现阶段儿童单纯性肥胖的主要因素,所以儿童单纯性肥胖的防治应从饮食行为及运动行为干预入手。

(一)预防措施

开展肥胖与健康知识教育,改变不良的生活方式、饮食习惯和不合理的膳食结构。

提高对危险易感人群的识别,并及时给予医疗监督。

(二)治疗措施

应采取饮食指导、运动处方和行为矫正相结合的综合干预措施。对儿童单纯性肥胖的干预指导思想应立足于保证正常生长发育、增强体能、促进体育运动能力、稳定匀速降体脂的原则,而勿为追求短时间显效,过分节食或增大运动量而影响生长发育。

(三)建议

根据上述情况,建议加强对家长进行"肥胖危害和肥胖控制"知识的宣传和教育,指导家长改善家庭饮食结构,帮助儿童矫正不良饮食行为。学校应开展形式多样的趣味体育活动,让更多的学龄儿童主动自愿地参加体育活动。对胖学童应给予特别指导,组织他们进行每日不少于 60 min、活动强度为最高心率 65% 的减肥强身锻炼。

总之,单纯性肥胖将会在科学的健身理论指导下,得到一定程度的控制。通向高质量生活的大门正在打开,人们有希望,也有理由得到更好、更健康的生活。

第十一章

运动营养补剂

经常参加剧烈运动的健身人群,身体不断地承受超负荷的刺激,需要及时补充各种营养物质,才能迅速提升体力。但是在有些情况下,比如大强度运动训练,往往需要大量的能源物质和各种营养素,仅靠平衡膳食无法补足,为了提高身体功能和运动能力,必须使用功能性运动营养补剂。这些特殊性的运动营养补剂能直接参与机体的物质代谢和能量代谢过程,参与调节机体的生理功能。

一、增加肌肉合成和肌力的运动营养补剂

通常肌力大小和肌肉体积有关,增大肌肉体积能够增强肌肉力量,二者需要能够合成肌肉蛋白质的原料和能够促进蛋白质合成的激素环境。

(一)高生物活性的优质蛋白质和氨基酸

高生物活性的优质蛋白质和氨基酸是蛋白质合成的最佳原料。近年来,运动界应用生物界制备的高生物活性蛋白质和氨基酸,促进机体蛋白质合成,以及其他生物学功能,取得了一定效果。这些最佳原料主要包括乳清蛋白、大豆蛋白、酪蛋白、卵白蛋白、某些寡肽和游离氨基酸等。

1.乳清蛋白

乳清蛋白具有很高的生物利用价值,是利用现代工艺从牛奶中提取,与其他蛋白质相比,其脂肪、胆固醇、乳糖的含量低,易于消化吸收。牛奶中87%是水,只有13%是固体。这些固体物质中,30%是脂肪,37%是乳糖,6%是无机盐,仅有27%是乳蛋

白。而乳蛋白中,仅仅有 20% 是乳清蛋白,其他 80% 都是酪蛋白。乳清蛋白的组成部分主要包括 α-乳球蛋白、β-乳白蛋白、免疫球蛋白、牛血清蛋白等,还包括一些生物活性微量成分,比如乳铁蛋白、溶菌酶、乳过氧化物酶、生长因子、酪蛋白巨肽等。

乳清蛋白的主要成分 β-乳球蛋白具有最佳氨基酸比例,其中亮氨酸、异亮氨酸、缬氨酸等支链氨基酸的含量极高,这些都是必需氨基酸。生物效应最强的是亮氨酸,是谷氨酰胺的基质物,可直接做细胞燃料。α-乳白蛋白和乳铁蛋白、牛血清白蛋白均富含胱氨酸残基,经消化道和血液运输,被细胞吸收,进入细胞膜后,被还原成半胱氨酸,用作合成谷胱甘肽。牛奶中免疫球蛋白与人乳免疫球蛋白的特性有相同之处,能抵抗人类疾病。乳铁蛋白虽然含量低,但生物活性非常高,能抗菌抗病毒、牢固与铁结合、激活人体免疫系统、抗氧化等。

乳清蛋白的主要生物学功能为促进蛋白质合成,提高免疫功能。含有的丰富支链氨基酸谷氨酸可转化为谷氨酰胺、亮氨酸参与合成谷氨酰胺,同时,丰富的支链氨基酸为糖异生提供原料,减少谷氨酰胺消耗,二者共同维持谷氨酰胺水平。谷氨酰胺能够促进免疫细胞增殖,提高免疫功能。乳铁蛋白能够杀菌抗病毒,提高机体抗氧化水平,延缓中枢疲劳,还可为机体提供能量,节省肌肉蛋白降解。

摄入乳清蛋白的量可占蛋白总摄入量的一半以上。一般运动期间,每天补充乳清蛋白 20 g 左右。健身健美爱好者为了获得良好的肌肉形态和体积,乳清蛋白摄入量可在 50 g 以上。但是切记,过量摄入蛋白质或者乳清蛋白易引起血氨升高,对机体不利。

2. 大豆蛋白

蛋白补充剂大豆蛋白粉从植物大豆中萃取,经过浓缩加工制成,在运动界比较流行,有些大豆蛋白粉蛋白质含量可达 80% 以上。补充大豆蛋白可降低低密度脂蛋白和血浆甘油三酯水平,还可缓解钙流失防治骨质疏松症。目前,尚未建立健身人群每日大豆蛋白摄入量,也没有发现明显的副作用。但是,大豆摄入过多容易引起胃肠胀气,其豆腥味也不太被健身爱好者喜欢。

3. 氨基酸

氨基酸是合成蛋白质的最基本结构单位,目前如下几种氨基酸在运动界常用。

（1）支链氨基酸

支链氨基酸是必需氨基酸，适宜补充支链氨基酸能延长耐力、延缓疲劳，并可增加肌肉力量。支链氨基酸主要包括口服和片剂两种。运动前 30 min 低剂量补充支链氨基酸效果较好，长时间运动时，可采用 0.5 g/h 的剂量。低剂量补充时不但口感好不刺激胃肠道，还可防止血氨大幅度升高。

（2）牛磺酸

牛磺酸是必需氨基酸，在动物各组织细胞广泛分布，尤其是神经、肌肉、腺体中含量更高，能保护心血管功能、调节神经系统、促进消化吸收及解毒。补充牛磺酸能够提高运动能力。牛磺酸抗氧化，加速清除体内自由基，降低脂质过氧化物丙二醛生成。补充牛磺酸能缓解运动造成的细胞膜脂质过氧化程度，减轻运动性疲劳，促进运动后疲劳恢复；还能减少机体利用血糖，防止中枢疲劳；促进肌肉细胞摄取和利用糖和氨基酸，加速糖酵解，增加糖异生；还能明显提高大脑支链氨基酸浓度，保持中枢兴奋，延缓疲劳，提高运动能力。

（3）谷氨酰胺

谷氨酰胺是强力胰岛素分泌刺激剂，补充谷氨酰胺可使生长激素和胰岛素样生长因子分泌增加，对运动后机体恢复具有积极意义。大强度运动时谷氨酰胺消耗增加，免疫细胞增殖降低，补充谷氨酰胺可提高谷氨酰胺浓度，促进免疫功能提高，缓解免疫抑制。谷氨酰胺可穿过细胞膜，在谷氨酰胺酶作用下，在线粒体内脱氨基生成谷氨酸和氨，谷氨酸进入细胞质，参与合成谷胱甘肽，提高机体的抗氧化能力。过量补充谷氨酰胺具有副作用，会使血氨升高，影响运动能力。

（4）氨基葡萄糖

氨基葡萄糖也被称为软骨保护剂，可选择性作用于关节软骨，参与软骨的修补和再生，还能清除关节腔中的各种有害细胞因子和酶类，从根本上改善骨关节损伤，还可保护肌腱、韧带等结缔组织，维护关节健康。

（5）HMβ

补充 β-羟基-β-甲基丁酸盐（HMβ）可有效增加肌肉体积，增强肌肉力量，还可促进脂肪分解，增加瘦体重。目前 HMβ 已经被健身人群广泛使用。

（二）创造肌肉合成最佳激素环境

1. 促进睾酮分泌

睾酮发动和维持性器官的发育和功能,与运动能力也密切相关。睾酮可促进骨骼肌蛋白质合成,增强肌肉力量,促进骨髓造血,促进生成促红细胞生成素,促进合成磷酸肌酸,减少排出尿肌酸等。目前运动界主要采用激力皂苷及蒺藜提取物、硼、锌、传统补肾中药等提高睾酮分泌。

2. 促进生长激素分泌

生长激素由脑垂体分泌,是调节人体生长发育的重要物质,分泌缺乏可致侏儒症,过量则导致巨人症。生长激素可促进蛋白质合成,促进骨骼、内脏发育和生长,还可促进脂肪代谢,抑制糖摄取和糖利用。当生长激素促进蛋白质合成时,机体能快速恢复,提高运动能力。

OKG是由天然的鸟氨酸和α-酮戊二酸合成的特殊化学营养补剂,是健身健美爱好者理想的营养补剂。服用OKG可提高生长激素、胰岛素和胰岛素样生长因子水平,抑制肌纤维降解,修复肌肉损伤,节约蛋白质,阻碍肌肉内"谷氨酰胺池"水平降低,使空肠内谷氨酰胺浓度增加,提高免疫功能,而且能降低对胃肠道刺激。鸟氨酸与α-酮戊二酸同服有效,单独服用不具备此协同作用。

3. 促进胰岛素分泌

胰岛素是一种促进合成代谢的多肽激素,由胰岛β细胞分泌,对调节机体糖脂代谢、蛋白质代谢、维持血糖水平比较重要。胰岛素最明显的效应是降低血糖,促进血糖进入肌肉、肝和脂肪等细胞合成糖原或者转变成其他营养物质进行储存。目前运动界应用的促进自身胰岛素分泌的特殊运动营养品有有机铬、谷氨酰胺、OKG等。

二、促进能量代谢的运动营养补剂

（一）肌酸

肌酸主要在肝、肾中合成,经血液循环到达肌肉中时,在肌酸激酶作用下接受ATP

能量,合成磷酸肌酸。95% 的磷酸肌酸储存于骨骼肌中,以高能磷酸化合物形式储存能量。短时间补充肌酸,比如每天 15~30 g,补 5~7 d,肌酸总储量会增加 15%~30% ,磷酸肌酸的总储量可增加 10%~40% 。人体肌肉内肌酸含量具有上限,约为 160 mmol/kg 干重肌肉,肌酸补充达到这个量时,其含量就不再增加,多余摄入的肌酸,由肾脏以弥散的方式排出体外。因此,如果没有肾脏疾患,补充肌酸不会对人体造成危害。

补充肌酸最好与除果糖外的含糖饮料同服,有利于吸收。每天应充足补水防止肌肉发僵或者痉挛。不要用热开水冲饮肌酸,防止破坏肌酸结构。为防止酸性物质使肌酸水合物变性,也不要与橘子汁或咖啡因饮料一起服用,咖啡因的脱水作用会影响肌细胞水合作用。

(二)磷酸果糖

磷酸果糖广泛应用于心肌梗死、心搏骤停、心肌缺血或肾缺血等治疗上。补充磷酸果糖可增强有氧代谢能力,改善骨骼肌和心血管的氧利用能力,是一种较好的营养素。磷酸果糖的抗氧化作用可以消除运动产生的大量自由基,防止膜结构的脂质过氧化,并能促进红细胞释放氧的能力。与服用葡萄糖或淀粉相比,口服磷酸果糖较少引起胰岛素效应,在运动过程的前、中、后阶段都可以服用。

(三)运动饮料

运动饮料可以改善心血管功能、预防脱水和能源耗竭。普通运动饮料主要作用为补充能源物质,功能性运动饮料另外添加有特殊的营养成分。

普通运动饮料主要有 3 种:大众运动饮料、健身运动饮料和专业运动饮料。①大众运动饮料是市场上追求时尚消费群体饮用最多的运动饮料,比如"脉动""第五季""激活""体饮"等。②健身运动饮料主要为经常参加体育锻炼的人群设计,在组成上除了能源物质外,还添加有抗疲劳物质,如"舒跑""健身饮"等。③专业运动饮料为专业和业余运动员专门设计,对各种营养素组成和数量有更高要求,对补充时间也有严格要求,比如"威创高能系列固体饮料""高镁耐冲剂""伟特糖"等。

功能性运动饮料是为运动员或健身人群的特殊需要而研制,为了使运动员能承受更大的负荷、促进疲劳消除和功能恢复,其主要成分除了糖、电解质和维生素外,还添加了特殊强化的营养成分,比如蛋白粉、抗氧化剂、肌酸等。

三、促进疲劳消除和体能恢复的营养补剂

（一）抗氧化剂

抗氧化剂分为脂溶性和水溶性 2 种，补充不同溶解性质的抗氧化剂时应注意环境条件。比如补充脂溶性抗氧化剂时必须配以油脂，以促进机体摄入与吸收。

从食物中补充抗氧化剂是最重要的方式，无法满足机体需要时才添加补剂。目前运动界应用的抗氧化剂主要有如下种类（表 11-1）。

表 11-1 目前体育界应用的抗氧化剂

抗氧化剂营养品	具有抗氧化能力的天然食品及中药
维生素 C、维生素 E	猕猴桃、柑橘
番茄红素	番茄、山楂、大枣等水果
β 胡萝卜素	生大蒜、辣椒
叶酸	番茄、洋葱
辅酶 Q	胡萝卜等蔬菜
结合亚油酸	西洋参、沙棘
螺旋藻类产品	丹参、知母宁
谷氨酰胺及谷氨酰胺肽胶囊	黄芪等中药
牛磺酸等	硒

（二）免疫增强剂

长时间高强度运动训练会导致机体免疫功能降低，易感染疾病，补充合理营养比较重要。常用的免疫增强剂种类很多，可分为蛋白质类、氨基酸和短肽类、天然物质及植物提取物、中药制品、化学合成物质等。

1. 蛋白质类

蛋白质是临床医学中最早研究的免疫增强剂。目前主要有牛初乳、牛乳分离蛋白、乳清蛋白、α-白蛋白等。牛初乳能提高睾酮/皮质醇比值，降低皮质醇；提高机体

的缓冲能力,使乳酸含量下降,促进恢复,并调节免疫能力。此外,牛初乳还有抗氧化、促进锌吸收和促进智力发育的作用。

2.氨基酸和短肽类

比较常用的主要有谷氨酰胺、谷胱甘肽、谷氨酰胺肽等。

3.天然物质及植物提取物类

随着提取制备工艺的飞速发展,对天然物质的纯化以及保持其天然有活性结构的能力有了极大的提高,使得天然活性物质成为人们提高免疫功能和抗氧化能力的选择。目前运动界应用较多的这类免疫增强剂有番茄红素、螺旋藻、大蒜素、壳聚糖、胡萝卜素、维生素 C、多种真菌糖、维生素 E 等。

4.中药制品

中医药是中华民族对世界文明的贡献,具有几千年的历史。许多中药复方能促进机体提高免疫功能,主要成分为人参、茯苓、黄芪、刺五加、白术、山楂、山药、龙眼等。

5.化学合成物质

国际上有多种提高免疫功能的化学合成物质,主要包括维生素 C、二十八烷醇、维生素 E 和维生素 EC 合剂等。

二十八烷醇含有 28 个碳的高级饱和直链脂肪醇,绝大多数以脂肪酸酯的形式在自然界中天然存在,富含于小麦胚芽油中。二十八烷醇生物活性极强,能够降低血脂,加速脂肪分解,促进性激素分泌,改善血液黏度,减轻肌肉疼痛,增进耐力和免疫力。服用二十八烷醇可明显增强 T、B 淋巴细胞增殖,提高机体的免疫功能。

(三)中药的应用

运动界服用的通过兴奋剂检测后证实其不含违禁成分的中药主要有口服液和胶囊 2 种形式。主要有以下几类。

1.补肾益气类

肾为先天之本,肾藏精,主髓,是体力产生的源泉与原动力,补肾壮阳可以使肾精充足,推动脏腑功能活动,使体力强壮。补肾壮阳还促进睾酮分泌,提高运动员身体功能水平。壮阳类的中药主要成分为淫羊藿、巴戟天、肉苁蓉、鹿茸、虫草、熟地等,益气类的中药主要成分为人参、党参、黄芪等。

2.补脾理气类

脾居中焦,为后天之本;脾主运化、统血,为气血生化之源;脾是机体消耗吸收之本;脾主肌肉,脾之运化才能营养肌肉。脾失健运,则精微物质和水液运化不健,肌肉疲惫、四肢倦怠无力。因此,健脾理气具有调节脾胃、促进营养物质的吸收、提高肌肉的做功能力等功效,对提高运动员运动能力和抗疲劳能力具有积极意义。补脾理气类中药主要成分为黄芪、白术、茯苓、山药、刺五加、龙眼肉、山楂、人参等。

3.补血、活血类

血红蛋白具有运输氧气的作用,而氧气是维持生命活动的必需物质,也是维持身体功能状态的重要因素之一。当血红蛋白含量下降时不但影响氧气的运输能力,而且也会影响身体功能状况。活血中药具有促进血液循环的作用,可以促进营养物质运输和代谢产物的消除。补血、活血类中药具有促进机体造血功能和血液循环的作用,对维持运动员的身体功能水平具有重要意义。补血、活血类的中药主要有当归、枸杞子、红花、田七、龙眼肉、阿胶、何首乌、熟地、牡丹皮、鸡血藤、灵芝等。

(四)防治运动性贫血的营养补剂

1.抗氧化剂

运动时自由基增加引起血管内溶血,应用抗氧化剂对抗溶血性贫血效果良好。常用的抗氧化剂营养品主要包括维生素 C、维生素 E、番茄红素、β 胡萝卜素、叶酸、辅酶 Q、结合亚油酸、螺旋藻类产品、谷氨酰胺、牛磺酸等。摄入这些营养品能增强膜的抗氧化能力,维持红细胞膜的完整性和变形能力。

2.铁和铁制剂

补充膳食铁和铁制剂可预防缺铁性贫血,铁的存在有 2 种方式:血红素铁和非血红素铁。

抑制非血红素铁吸收的食物成分主要为植酸盐(麦麸中含量多)、肌醇六磷酸和磷酸肌醇(豆类、谷类和坚果类中含量多)、鞣酸(茶叶中含量多)、多酚(茶叶、蔬菜、可可、咖啡中含量多)、碳酸盐、锌、钙和油脂类食物。促进非血红素铁吸收的食物主要为肉类、维生素 C、酱油、发酵食品。摄入膳食铁时要增加促进铁吸收的膳食,以维持铁平衡,促进血红蛋白合成。为避免抑制铁的摄入,运动训练人群要少吃含油脂高的食物,少喝咖啡、茶和碳酸饮料。

大部分食品中的铁含量较低,且主要以非血红素铁形式存在,而运动人群铁需求量较高,单独依赖食物铁摄入不能满足机体需求,可采用铁制剂的形式补充。目前,铁制剂主要有血红素铁和非血红素铁 2 种形式。血红素铁具有易吸收、服用量少、副作用小、影响因素少等优点,是预防缺铁性贫血的最佳铁制剂。过量摄入铁或者过量补充铁制剂也会对运动能力和心血管功能产生影响,应合理适量补充。

3. 中药

防治运动性贫血,采用补肾、补脾、补血的中药,可升高血红蛋白,提高机体造血的功能,单纯采用抗氧化剂或者单纯补充铁制剂对机体的造血功能都没有中药理想。

补肾的中药能促进雄性激素和促红细胞生成素分泌,从而促进造血功能和红细胞增殖。补脾的中药能摄取食物精华,促进营养物质吸收利用,促进血红蛋白合成,对于维持正常生理需要具有重要意义。

因此,防治运动性贫血,最好从补肾、补脾和补血中药入手,结合合理的铁制剂和抗氧化剂补充,提高机体造血功能才能取得良好效果。

四、减轻和控制体重的特殊运动营养补剂

(一)丙酮酸

丙酮酸是糖无氧代谢和有氧代谢的中间产物,缺氧时在细胞质中生成乳酸,有氧时进入线粒体生成乙酰辅酶 A 进入三羧酸循环,被彻底氧化成二氧化碳和水,生成 ATP。

丙酮酸可通过三羧酸循环将糖、脂肪和蛋白质代谢联系起来,使三者相互转化。丙酮酸在三大能源物质代谢中起着中心枢纽作用。

丙酮酸补充可以改变机体的代谢速率和身体成分,促进脂肪酸氧化,长期服用有利于改善有氧代谢能力。服用丙酮酸不影响肌糖原的利用率,高糖膳食中添加补充丙酮酸可增加肌肉对血糖的利用率,提高有氧代谢能力,改善心血管功能,还可降低

血浆甘油三酯的水平。

丙酮酸主要适用于对体重要求严格的运动项群和耐力性运动项群。目前尚未见到服用丙酮酸有副作用的报道。因此,丙酮酸可能是一个安全有效的运动营养物质。

(二)左旋肉碱

左旋肉碱是目前常用的一种运动营养补剂,类似维生素,补充有利于有氧和无氧代谢能力的提高。人体内的赖氨酸、蛋氨酸、烟酸等可合成少量肉碱,主要食物来源为红肉和动物产品。左旋肉碱可促进利用脂肪酸,常作为控体重项目减少体脂含量的营养补剂。运动消耗左旋肉碱,适量补充有利于维持运动能力。左旋肉碱是肌肉的天然成分,小剂量补充未发现副作用,但大剂量补充会引起腹泻。

(三)膳食纤维的补充

膳食纤维能被大肠内的某些微生物部分酵解和利用,是一类非淀粉多糖类物质,可分为可溶性膳食纤维和不可溶性膳食纤维两类。可溶性膳食纤维如果胶、树胶、豆胶、藻胶、琼脂、羧甲基纤维素等;不可溶性膳食纤维包括纤维素、木质素和部分半纤维素。膳食纤维可防治便秘、预防结直肠癌、促进减肥、降低血脂、降低血糖、预防冠心病、预防妇女乳腺癌、防治胆结石、防治痔疮等。膳食纤维的主要来源是全粮、蔬菜、豆类、菌藻类、水果、坚果类等,肉里几乎没有纤维。

第十二章

运动营养与人体生物节律

　　健康管理,还应遵从人体的自然生物节律。人体是错综复杂的化学变化和互相关联、互相依存的生物物理系统的综合体。在生物进化的过程中,从原核细胞到真核细胞,不论藻类单细胞植物,还是高级动物,为了适应环境昼夜或四季周期性的变化,生物界的各种功能都具有明显的节律特性,这个节律性即成为生命的基本结构。在人类漫长的进化过程中,时间结构贯穿于人机体的整个生命周期。在机体消化、吸收的最佳时间进食无疑是运动人群补充营养、促进恢复的适宜选择。

一、生物节律

1. 概念

　　人体中所有化学过程、生物物理过程以及生理过程都表现出时间按照一定的时间规律性发生节律性的变化,各种功能按照一定的时间顺序重复出现,周而复始,这种变化的节律性被称为生物节律(biorhythm)。生物节律是生命的一种基本特征,也是人体正常生理功能的一部分。

2. 分类

（1）超日节律

　　其周期小于 20 h 的节律,振荡频率大于 1 d,或指 1 d 内重复 2 次或多次的节律。比如呼吸节律、心脏搏动节律等。

（2）近日节律

　　周期为(24±4)h,近似昼夜节律,在生物生命活动中最普遍也最重要。

（3）亚日节律

其周期超过 28 h 的节律,振荡频率小于 1 d。包括近 3.5 d 节律(周期为 70 ~ 98 h),如人体的血压等生理变量的节律;近似周节律[周期为(7±3)d],如尿类固醇排泄的节律;近似月节律[周期为(30±7)d],如妇女的月经;近似年节律[周期为(12±2)个月]或季节性节律,如人的情绪、动物性欲的变化,与自然界四季同步变化的植物,候鸟的冬去春来等。

3. 生物节律的可能机制

（1）内源性假说

内源性假说认为,从早期生命起源和生物进化来看,天体和地球物理的周期性变化是生物节律的根本起因,但绝大多数现存生物的生理节律,已在机体中进化为有测时功能的机构所发动和控制的内源性节律,是一种机体生命活动主动变化的固有规律,能自我预知时间,不依赖环境的周期性变化。

（2）外源性假说

外源性假说认为生物节律能受宇宙环境的某种外部信号的外力调节。我国传统医学理论既有"天人相应"和"天人合一"观,现代时间生物学也注意到生物节律的一个普遍特性,就是在正常的生活环境中,生命活动原节律与环境的某种节律性变动相似或相同,这一特点说明生物节律与环境节律密切相关。因此,一些研究者认为生物的周期性直接受光、温等地球物理环境条件周期性变化调制,不存在体内定时机制,生物节律是外源性的。

二、人体主要生理功能的生物节律与运动

在每日的不同时间和每年不同的季节,机体对内外环境刺激的感受性是不一样的,存在周期性振荡。如人体的觉醒-睡眠、血压、体温、内分泌、免疫功能、脑电活动、心脏搏动和呼吸运动等。人体器官和组织的物质能量代谢、情绪心理和体力等同样遵循一定的时间结构,周期性、节律性波动,如不同时间机体对营养素的吸收、代谢、排泄的时效性即存在差异。

例如,研究发现,改变进食时间可使机体代谢途径和营养效应发生变化。同一剂量的药物在不同的时间对机体可产生不同的强度效应,就是因为其在体内的代谢动

力学节律与靶组织细胞的时间敏感性存在时间结构等。

1. 中枢神经系统的生物节律

（1）睡眠与觉醒的生物节律

人类睡眠时，慢波睡眠与快波睡眠两者之间相互转化、交替出现。不同年龄人群的睡眠顺序和各阶段构成差异较大，成年人的睡眠节律大致与 12～20 岁时一致，出生后数周内的婴儿睡眠时的脑电活动混乱而不规则。人过中年深睡眠持续时间减少，老年人的深睡眠仅占睡眠时间的 5%～7%。

对睡眠时激素释放的生物节律研究发现，睡眠具有调节生长激素分泌的重要作用。生长激素主要在睡眠中分泌，入睡后最初 2 h，生长激素就大量分泌，到第 3 个小时降为最低，然后又起伏波动。在觉醒期，血中生长激素保持在一个稳定的低水平。

（2）中枢神经递质的生物节律

中枢神经递质控制或参与对人体许多生理过程的调控，如睡眠-觉醒、生殖、内分泌、摄食、情绪心理、运动以及生物节律等。研究发现，中枢神经递质的合成酶、灭活酶、代谢产物以及相应的受体均具有节律性变化的特点。

2. 人体内分泌的生物节律

内分泌功能是人体正常生理功能的一个重要组成部分，生物节律高度精密和稳定，不仅有昼夜节律，还有显著的脉冲节律、年龄节律和季节节律等。

人体在生理状态下，内分泌功能呈现 24 h 的生物节律，表现为快慢、高峰与低谷。例如睾酮在早晨起床时最高，而胰岛素、胃泌素和肾素在下午和傍晚时最高，催乳素和褪黑素、生长素在睡眠时达到高峰。肾上腺素皮质激素分泌的昼夜节律性相当明显而恒定，每日上午 8:00—10:00 时为分泌高峰，随后逐渐下降，午夜 12:00 时为低潮。

3. 人体免疫系统功能的生物节律

人体免疫功能具有多种显性节律。免疫细胞的节律表现为人体外周血中淋巴细胞包括 TH、TS 和 B 细胞等均为白天较低，夜间升高，峰值在 17:00—24:00，谷值在 5:00—7:00；单核细胞和嗜酸性粒细胞的节律峰值在 20:00—次日 2:00，而中性粒细胞在 13:00 时达峰值。自然杀伤细胞的数量和活性、对 γ 干扰素的应答反应在清晨出现峰值，在半夜出现谷值。

人体免疫功能除了昼夜节律外，还有近周、近月节律和近季节节律。如有哮喘史妇女大多在月经前 7 d 和经期中哮喘发作,可能跟内分泌激素调节的月周期有关。人的外周淋巴细胞的数量在 7—9 月最高,而在 12—次年 3 月最低,中性粒细胞和巨噬细胞的数量则表现出与之相反的规律。而血清免疫球蛋白的水平则表现出近年节律现象,比如 IgA、IgM、IgG 的年变化峰值在 8 月—次年 1 月,冬季补体 C3 的含量高于秋季。

4. 人类摄食行为的生物节律

通常,摄入膳食的时间、成分和摄食行为对人体的营养、健康状况和机体功能水平以及情绪都将产生重要作用。

人类每日摄食的频率、行为与食欲和机体代谢过程密切相关。由于机体消化、吸收和代谢过程存在昼夜波动的生物节律,并受到神经-内分泌、身体活动、环境条件等因素的影响,因此,机体每日进食后各种营养物质的代谢率在 24 h 内是不断变化的。

一般情况下,人类和昼行性动物的摄食、饮水行为主要在白天进行,夜间少有发生。这是生物进化和环境适应的结果。因为在人出生时,摄食行为并不具有成型的昼夜节律。例如,在外界环境(温度、光线)恒定的条件下,对新生儿按其生长发育的需要进行喂养,其喂养的频率往往是 90 ~ 150 min 一次。而人类在出生后第 4 周左右,摄食行为开始出现近昼夜节律。但其后一段时间内,此节律尚不能与环境昼夜节律同步,而呈自激振荡状态。约从 17 周开始,此节律才与环境昼夜节律同步,如 2 ~ 3 月龄的婴儿则每日需要摄食 4 ~ 5 餐。

健康青年人,即使生活在隔绝外界环境、条件恒定的地洞中,其摄食的昼夜节律、摄食时间或频率,以及消费食物的量和质(蛋白质、脂肪和糖的比例)等变化不大。

对于老年人和运动员,由于内脏器官的衰老、运动应激和体能消耗的增加,以及消化吸收功能的改变等,他们的摄食节律与正常成人存在一些差异。

5. 胃肠道活动的生物节律

实验表明,胃肠排空节律受到摄食时间、膳食内容和血液激素水平、胃肠道细胞的功能状态以及应激因子的影响。

在摄食条件下,血清胃泌素水平存在明显的节律性波动,其峰值与胃酸分泌接近。促胆囊收缩素、胃肠肽和促胃酸分泌激素均呈高峰时相在夜间的昼夜节律。因此,调节胃排空的因素有胃底基础张力、食物进入胃后引起的胃生理性扩张、幽门括约肌张力,以及调节胃肠道活动的神经和胃肠激素,包括胃泌素、胃动素等胃肠激素。

而胃底基础张力、食物进入胃后引起的胃生理性扩张、幽门括约肌张力等均受一氧化氮的调节。

6. 代谢活动的生物节律

机体每日 24 h 内所摄入的热能营养素总量并非等于消化吸收时的热能。摄食后,膳食中的营养素入血利用或储存的时间长短取决于摄食的时间、摄食量、食物形态以及膳食的成分等。

实验表明,在摄入相同剂量(50 g)的宏量营养素后,血糖峰值时间比较,糖类(CHO)约为 1 h、蛋白质为 2 h,而脂肪在 3~4 h 以后。在摄入富含 CHO 食物后,血糖水平升高和下降十分迅速;而摄入富含脂肪的食物后,血糖反应最慢。在富含 CHO 的食物中,血糖升高最快的食物有葡萄糖、土豆、面包等,而较慢的食物有苹果、牛奶、蛋黄等。

通常,机体各种生理过程均存在一定的生物节律,新陈代谢也同样如此。在每天不同的时间,体内的激素水平不同,消化活动也时强时弱,各种生理、生化指标也呈现节律性变动。

7. 人体的生物节律与运动

机体对运动负荷产生应激性适应具有时间特征,不同频率的运动对机体的生物节律的频率也能产生影响,而且,这种频谱具有年龄性、季节性特征。

研究者曾对人体体能指标进行研究,发现握力、50 m 冲刺跑、俯卧撑等指标的变化存在近日节律,峰相位在 17:00 时左右(表 12-1~表 12-3)。

表 12-1 人体工作能力近日节律最佳时间

指标	最佳时间
整体体能	18:00—20:00
起跑速度	16:00—18:00
50 m 冲刺速度	16:00—18:00
左手握力	16:00—18:00
右手握力	17:00—18:00
俯卧撑	12:00—17:00
仰卧起坐	12:00—17:00

表 12-2　安静时心肺功能和体温的生物节律参数

指标	振幅/%	峰相位(24 h 制)
心率/(次/min)	6.0 ~ 6.1	13:50—15:31
每分通气量/(L/min)	7.0 ~ 9.7	16:39—17:01
耗氧量/(L/min)	6.4 ~ 6.5	17:20
直肠温度/℃	0.6 ~ 0.8	17:44—19:26

表 12-3　运动能力的生物节律参数

指标	振幅/%	峰相位(24 h 制)
最大力矩(伸下肢)	3	20
最大功率(30 sec)	9	15 和 21
下肢肌力	7	17
最大心率	1.5	16
$VO_2 max$	3	16
耐力(最大测试)	9	16
核心体温	1 ~ 1.3	15:30—17:30

三、人体的生物节律与择时营养

高强度剧烈运动刺激产生的应激状态是介于生理与病理之间,有着自身的特殊规律。在运动的前、中、后不同阶段,人体生理功能的节律和代谢过程不同,机体的营养需求、消化吸收能力并非一样,在不适当的时间进食将使营养物质的吸收减低10%以上。

胃肠道血液流量、分泌活动的生物节律性变化,均可影响营养素的消化和吸收,而骨骼肌的收缩与舒张活动对内脏器官肝、肾等器官功能节律性的影响,可导致机体的物质与能量代谢过程的变化。因此,在机体消化、吸收的最佳时间进食无疑是补充营养和促进恢复的最佳选择。一般情况下,食物的消化时间需要 3 ~ 4 h,流质或液体食物的消化时间为 1 ~ 2 h,而少量的点心消化的时间在 1 h 以内。

如果在运动时胃肠道对其中的内容物很敏感,少量的食物可能会感到不适,就需要在运动前提早进食,或是减少食量,以减轻症状。一般来说,身体震动比较小的运动项目,受胃中食物的影响较小。

　　由于每个个体的消化节律存在差异,尤其对于不同运动项目的运动员,需要找出最适合自己的最有效的食物和营养补充的时间。通常,机体消化功能的高峰位于大运动量运动之后,营养补充最好安排在最接近每日消化吸收节律高峰的时间。因此,根据人体生物节律规律制作的食谱即为"择时食谱",而选择适宜的时间进行营养补充即为"择时营养"。

参考文献

［1］比尔·坎贝尔,玛利亚·斯帕诺.美国国家体能协会运动营养指南［M］.黎涌明,邱俊强,译.北京:人民邮电出版社,2018.

［2］肖国强,曹姣.运动与能量代谢［M］.北京:人民体育出版社,2016.

［3］李世成.运动时间营养学［M］.北京:北京体育大学出版社,2007.

［4］李宁.预防骨质疏松怎么吃［M］.北京:中国医药科技出版社,2017.

［5］向红丁.糖尿病饮食+运动［M］.北京:中国轻工业出版社,2018.

［6］张钧,张蕴琨.运动营养学［M］.北京:高等教育出版社,2010.

［7］克里斯蒂安·冯·勒费尔霍尔茨.关于力量与肌肉的营养策略［M］.庄仲华,译.北京:北京科学技术出版社,2018.

［8］格兰特·彼得森.无需长跑与节食的科学健身指南［M］.贺玲,译.北京:人民邮电出版社,2016.

［9］中国营养学会.中国居民膳食指南2016科普版［M］.北京:人民卫生出版社,2016.

［10］中国营养学会.中国居民膳食指南［M］.北京:人民卫生出版社,2016.

［11］中国营养学会.中国学龄儿童膳食指南［M］.北京:人民卫生出版社,2016.

［12］NIAS营养学国际研修项目组.现代体重管理系统［M］.南京:江苏凤凰科学技术出版社,2018.

［13］胡敏.新编营养师手册［M］.3版.北京:化学工业出版社,2015.

［14］博克,迪肯.临床运动营养学［M］.4版.王启荣,译.西安:世界图书出版西安出版公司,2011.

［15］MARGARITELIS N V,PASCHALIS V,THEODOROU A A,et al. Antioxidants in personalized nutrition and exercise［J］. Adv Nutr,2018,9(6):813-823.

［16］CLOSE G L,HAMILTON D L,PHILP A,et al. New strategies in sport nutrition to in-crease exercise performance［J］. Free Radic Biol Med,2016,98:144－158.

［17］DENISON H J,COOPER C,SAYER A A,et al. Prevention and optimal management of sarcopenia:a review of combined exercise and nutrition interventions to improve muscle outcomes in older people［J］. Clin Interv Aging,2015,10:859－869.

［18］WITARD O C,BALL D. The interaction between nutrition and exercise for promoting health and performance［J］. Proc Nutr Soc,2018,77(1):1－3.

［19］MATTIOLI A V,SCIOMER S,COCCHI C,et al. Quarantine during COVID－19 out-break:changes in diet and physical activity increase the risk of cardiovascular disease ［J］. Nutr Metab Cardiovasc Dis,2020,30(9):1409－1417.

［20］COLBERG S R. Nutrition and exercise performance in adults with type 1 diabetes［J］. Can J Diabetes,2020,44(8):750－758.

［21］OWEN P J,MILLER C T,MUNDELL N L,et al. Which specific modes of exercise training are most effective for treating low back pain? Network meta－analysis［J］. Br J Sports Med,2020,54(21):1279－1287.

［22］BROOK M S,WILKINSON D J,PHILLIPS B E,et al. Skeletal muscle homeostasis and plasticity in youth and ageing:impact of nutrition and exercise ［J］. Acta Physiol,2016,216(1):15－41.

［23］LANCHA A H JR. Nutrition and exercise:thinking outside the box［J］. Nutrition, 2019,62:152.

［24］LANDI F,MARZETTI E,MARTONE A M,et al. Exercise as a remedy for sarcopenia［J］. Curr Opin Clin Nutr Metab Care,2014,17(1):25－31.

［25］GLEESON M. Immunological aspects of sport nutrition［J］. Immunol Cell Biol, 2016,94(2):117－123.

［26］MAYNE S T,PLAYDON M C,ROCK C L. Diet,nutrition,and cancer:past,present and future［J］. Nat Rev Clin Oncol,2016,13(8):504－515.

［27］FLETCHER G F,ADES P A,KLIGFIELD P,et al. Exercise standards for testing and training：a scientific statement from the American Heart Association［J］. Circulation,2013,128(8):873–934.

［28］SABAG A,WAY K L,KEATING S E,et al. Exercise and ectopic fat in type 2 diabetes：a systematic review and meta–analysis［J］. Diabetes Metab,2017,43(3):195–210.

［29］CASTRO I,WACLAWOVSKY G,MARCADENTI A. Nutrition and physical activity on hypertension：implication of current evidence and guidelines［J］. Curr Hypertens Rev,2015,11(2):91–99.

［30］DALY R M. Exercise and nutritional approaches to prevent frail bones,falls and fractures：an update［J］. Climacteric,2017,20(2):119–124.

［31］KOEHLER K,DRENOWATZ C. Integrated role of nutrition and physical activity for lifelong health［J］. Nutrients,2019,11(7):1437.

［32］WOOLF K,MANORE M M. B–vitamins and exercise：does exercise alter requirements? ［J］. Int J Sport Nutr Exerc Metab,2006,16(5):453–484.

［33］SCHOUFOUR J D, OVERDEVEST E, WEIJS P J M, et al. Dietary protein, exercise,and frailty domains［J］. Nutrients,2019,11(10):2399.

［34］TIPTON K D. Nutrition for acute exercise–induced injuries［J］. Ann Nutr Metab, 2010,2:43–53.

［35］ATHERTON P J,SMITH K. Muscle protein synthesis in response to nutrition and exercise［J］. J Physiol,2012,590(5):1049–1057.

［36］WHAYNE T F JR,MAULIK N. Nutrition and the healthy heart with an exercise boost［J］. Can J Physiol Pharmacol,2012,90(8):967–976.

［37］SNIJDERS T,RES P T,SMEETS J S,et al. Protein ingestion before sleep increases muscle mass and strength gains during prolonged resistance–type exercise training in healthy young men［J］. J Nutr,2015,145(6):1178–1184.

［38］FIATARONE M A,O'NEILL E F,RYAN N D,et al. Exercise training and nutritional supplementation for physical frailty in very elderly people［J］. N Engl J Med, 1994,330(25):1769–1775.

[39] ITO S,MIZOGUCHI T,SAEKI T. Review of high−intensity interval training in cardiac rehabilitation[J]. Intern Med,2016,55(17):2329−2336.

[40] WADA Y,TAKEDA Y,KUWAHATA M. Potential role of amino acid/protein nutrition and exercise in serum albumin redox state[J]. Nutrients,2017,10(1):17.

[41] SHEPHARD R J,SHEK P N. Heavy exercise,nutrition and immune function:is there a connection? [J]. Int J Sports Med,1995,16(8):491−497.

[42] STRASSER B. Exercise beyond nutrition to enhance physical recovery[J]. Br J Nutr,2017,118(7):559−560.

[43] DELICHATSIOS H K,PITTAS A G. Integrating nutrition education into clinical practice[J]. Nestle Nutr Inst Workshop Ser,2019,92:171−182.

[44] EVANS W J. Effects of aging and exercise on nutrition needs of the elderly[J]. Nutr Rev,1996,54(1/2):S35−S39.

[45] GRÖNSTEDT H,VIKSTRÖM S,CEDERHOLM T,et al. Effect of sit−to−stand exercises combined with protein−rich oral supplementation in older persons:the older person's exercise and nutrition study[J]. J Am Med Dir Assoc,2020,21(9):1229−1237.

[46] VERBOVEN K,WENS I,VANDENABEELE F,et al. Impact of exercise−nutritional state interactions in patients with type 2 diabetes[J]. Med Sci Sports Exerc,2020,52(3):720−728.

[47] SNYDER A C,MAUZY−MELITZ D K. Exercise,nutrition and you:an off−campus course for grades 2−12[J]. Adv Physiol Educ,2005,29(2):103−106.

[48] SIPILÄ S,TIRKKONEN A,HÄNNINEN T,et al. Promoting safe walking among older people:the effects of a physical and cognitive training intervention vs. physical training alone on mobility and falls among oldercommunity−dwelling men and women (the PASSWORD study):design and methods of a randomized controlled trial[J]. BMC Geriatr,2018,18(1):215.

[49] SHAD B J,WALLIS G,VAN LOON L J,et al. Exercise prescription for the older pop-

ulation:the interactions between physical activity,sedentary time,and adequate nutrition in maintaining musculoskeletal health[J]. Maturitas,2016,93:78-82.

[50]THAJER A,TRUSCHNER K,JORDA A,et al. A strength and neuromuscular exercise programme did not improve body composition, nutrition and psychological status in children with obesity[J]. Acta Paediatr,2021,110(1):288-289.

[51]YARIZADEH H,EFTEKHAR R,ANJOM-SHOAE J,et al. The effect of aerobic and resistance training and combined exercise modalities on subcutaneous abdominal fat:a systematic review and meta-analysis of randomized clinical trials[J]. Adv Nutr, 2021,12(1):179-196.

[52]KEATING S E,GEORGE J,JOHNSON N A. The benefits of exercise for patients with non-alcoholic fatty liver disease[J]. Expert Rev Gastroenterol Hepatol,2015,9(10): 1247-1250.

[53]SANTALÓ M I,GIBBONS S,NAYLOR P J. Using food models to enhance sugar literacy among older adolescents:evaluation of a brief experiential nutrition education intervention[J]. Nutrients,2019,11(8):1763.

[54]MATTAR L,FARRAN N,BAKHOUR D. Effect of 7-minute workout on weight and body composition[J]. J Sports Med Phys Fitness,2017,57(10):1299-1304.

[55]KOHLMEIER M. Counterbalancing the uncertainties of medical nutrition education with effective online instruction[J]. Nestle Nutr Inst Workshop Ser,2019,92:133-142.

[56]TAKEUCHI I,YOSHIMURA Y,SHIMAZU S,et al. Effects of branched-chain amino acids and vitamin D supplementation on physical function, muscle mass and strength,and nutritional status in sarcopenic older adults undergoing hospital-based rehabilitation:a multicenter randomized controlled trial[J]. Geriatr Gerontol Int, 2019,19(1):12-17.

[57]BARUTH M,WILCOX S,JAKE-SCHOFFMAN D E,et al. Effects of a self-directed nutrition intervention among adults with chronic health conditions[J]. Health Educ Behav,2018,45(1):61-67.

[58]LEE E,WILLEIT P,LAUKKANEN T,et al. Acute effects of exercise and sauna as a single intervention on arterial compliance[J]. Eur J Prev Cardiol,2020,27(10): 1104-1107.

[59]BERTOLO R F,MA D W. Advances in protein nutrition across the lifespan[J]. Appl Physiol Nutr Metab,2016,41(5):563.

[60]MORENO BORREGUERO A. Unity is strength:nutritional therapy and physical exercise,an essential relationship[J]. Nutr Hosp,2019,36(Spec No2):57-60.

[61]KIM Y,CHOI S,LEE S,et al. Characterization and validation of an "Acute Aerobic Exercise Load" as a tool to assess antioxidative and anti-inflammatory nutrition in healthy subjects using a statistically integrated approach in a comprehensive clinical trial[J]. Oxid Med Cell Longev,2019,2019:9526725.

[62]COLLINS N,HARRIS C. Nutrition 411:exercising to improve body composition[J]. Ostomy Wound Manage,2015,61(4):20-25.

[63]HAWLEY J A,KROOK A. Metabolism:one step forward for exercise[J]. Nat Rev Endocrinol,2016,12(1):7-8.

[64]ANNESI J J. Exercise predicts long-term weight loss in women with class 1 and class 2 obesity through effects on emotional eating and its correlates[J]. J Phys Act Health,2018,15(1):57-63.

[65]MEDRANO M,CADENAS-SANCHEZ C,ÁLVAREZ-BUENO C,et al. Evidence-based exercise recommendations to reduce hepatic fat content in youth:a systematic review and meta-analysis[J]. Prog Cardiovasc Dis,2018,61(2):222-231.

[66]WRIGHT J,BALDWIN C. Oral nutritional support with or without exercise in the management of malnutrition in nutritionally vulnerable older people:a systematic review and meta-analysis[J]. Clin Nutr,2018,37(6 Pt A):1879-1891.

[67]ALMENARA C A,MACHACKOVA H,SMAHEL D. Sociodemographic,attitudinal,and behavioral correlates of using nutrition,weight loss,and fitness websites:an online survey[J]. J Med Internet Res,2019,21(4):e10189.

[68] REITLO L S,SANDBAKK S B,VIKEN H,et al. Exercise patterns in older adults instructed to follow moderate- or high-intensity exercise protocol:the generation 100 study[J]. BMC Geriatr,2018,18(1):208.

[69] VAN DONGEN EJI,DOETS E L,DE GROOT LCPGM,et al. Process evaluation of a combined lifestyle intervention for community-dwelling older adults:promuscle in practice[J]. Gerontologist,2020,60(8):1538-1554.

[70] VIKSTRÖM S,GRÖNSTEDT H K,CEDERHOLM T,et al. Experiences of supporting older persons in completion of an exercise and nutrition intervention:an interview study with nursing home staff[J]. BMC Geriatr,2021,21(1):109.

[71] MULLIE P,CLARYS P,DE BRY W,et al. Energy availability and nutrition during a Special Force Qualification Course (Q-Course) [J]. J R Army Med Corps,2019,165 (5):325-329.

[72] ROTHSCHILD J A,KILDING A E,PLEWS D J. What should I eat before exercise? Pre-exercise nutrition and the response to endurance exercise:current prospective and future directions[J]. Nutrients,2020,12(11):3473.

[73] GUEST N S,VANDUSSELDORP T A,NELSON M T,et al. International society of sports nutrition position stand:caffeine and exercise performance[J]. J Int Soc Sports Nutr,2021,18(1):1.

[74] YANG Y C,CHOU C L,KAO C L. Exercise,nutrition,and medication considerations in the light of the COVID pandemic,with specific focus on geriatric population:a literature review[J]. J Chin Med Assoc,2020,83(11):977-980.

[75] 国家卫生计生委疾病预防控制局. 中国居民营养与慢性病状况报告(2015) [M]. 北京:人民卫生出版社,2015.

[76] 中国营养学会. 食物与健康——科学证据共识[M]. 北京:人民卫生出版社, 2016.

[77] 国家体育总局.2014年6—69岁人群体育健身活动和体质状况抽测调查公报[R/ OL]. 北京,2014. https://www. sport. gov. cn/qts/n4985/c668670/content. html

［78］中华人民共和国卫生部疾病预防控制局. 中国成人身体活动指南［M］. 北京：人民卫生出版社，2011.

［79］中国饮料工业协会. 2014 中国饮料行业可持续发展报告［R/OL］. http://www.nfmccli. org/v_1/3912. aspx

［80］World Health Organization. WHO handbook for guideline development. 2nd edition［M/OL］. ［2020-09-21］. https://apps. who. int/iris/handle/10665/145714.

［81］CHAZELAS E, DEBRAS C, SROUR B, et al. Sugary drinks, artificially-sweetened beverages, and cardiovascular disease in the NutriNet-Sante Cohort［J］. J Am Coll Cardiol, 2020, 76(18): 2175-2177.

［82］CHOI S E, WRIGHT D R, BLEICH S N. Impact of restricting sugar-sweetened beverages from the supplemental nutrition assistance program on children's health［J］. Am J Prev Med, 2021, 60(2): 276-284.

［83］BARCHETTA I, CIMINI F A, CAVALLO M G. Vitamin D and metabolic dysfunction-associated fatty liver disease (MAFLD): an update［J］. Nutrients, 2020, 12(11): 3302.

［84］FORET M K, LINCOLN R, DO CARMO S, et al. Connecting the "dots": from free radical lipid autoxidation to cell pathology and disease［J］. Chem Rev, 2020, 120(23): 12757-12787.

［85］WANG X Q, WANG W, PENG M, et al. Free radicals for cancer theranostics［J］. Biomaterials, 2021, 266: 120474.

［86］DA SILVEIRA M P, DA SILVA FAGUNDES K K, BIZUTI M R, et al. Physical exercise as a tool to help the immune system against COVID-19: an integrative review of the current literature［J］. Clin Exp Med, 2021, 21(1): 15-28.

［87］李虎. 灌服硫辛酸、番茄红素对 SD 大鼠运动后几种组织及血浆抗氧化能力的影响［D］. 乌鲁木齐：新疆农业大学，2013.

［88］陈洋. 运动营养品对抗自由基的研究现状［J］. 内江科技，2009，30(10):23,111.

［89］李清亚，张松. 营养师手册［M］. 北京：人民军医出版社，2009.

[90]郝选明.运动员免疫功能降低的机理及其调理措施[J].体育科研,2003(4):47-
　　49.

[91]刘利新.普通高校800米运动员大强度训练后免疫力变化的监控研究[D].长
　　春:东北师范大学,2006.

[92]李杰.大鼠脾淋巴细胞分泌IL-2和sIL-2R对长期递增负荷运动的应答和适应
　　特征[D].广州:华南师范大学,2007.

[93]栾颖,刘新平.冠心病防与治[M].北京:人民军医出版社,2012.

[94]朱元利,苟波.全民健身活动指导[M].西安:陕西科学技术出版社,2011.

[95]邵月.运动对P53调节能量代谢信号通路相关基因表达的影响[D].上海:华东
　　师范大学,2010.

[96]于康.中老年人合理营养问答[M].北京:人民军医出版社,2010.

[97]李焕品,刘根发.肥胖症及其康复疗法[J].人人健康(医学导刊),2008(2):34-35.

[98]高玲玲,杨洪香.儿童少年单纯性肥胖症的研究进展[J].中国学校卫生,1998
　　(5):353-354.

[99]左燕,张旭,宋加华.肥胖学生减肥健身初探[J].体育学刊,1999,(4):57-59.

[100]魏群利,吴云明.时辰药理学与时辰治疗学[M].北京:人民军医出版社,2011.

[101]国家心血管病中心、中国医师协会、中国医师协会高血压专业委员会、中华医学
　　会心血管病学公会、海峡两岸医药卫生交流协会高血压专业委员会联合制定.
　　《中国高血压临床实践指南(2022)》.